Christian Graf v. Krockow
Gewalt für den Frieden?

D1350832

SERIE PIPER
Band 323

Zu diesem Buch

Der Frieden mit der Natur und der Frieden zwischen den Völkern sind Überlebensfragen, Menschheitsziele. Darum scheint es gerechtfertigt, mit allen Mitteln für den Frieden zu kämpfen – unter Umständen sogar mit Gewalt. Aber damit würde zerstört, was man schützen will; wo es um Heil und Unheil schlechthin geht, gerät man rasch in den abgründigsten aller Kriege: den Bürgerkrieg. Zerstört würde damit das Fundament unserer Demokratie und jede Chance, Konflikte friedlich auszutragen. Darum enthält dieses Buch ein engagiertes Plädoyer für die politische Kultur des gezähmten Konflikts. Es befragt Werte und Verhaltenstugenden nach ihrem Nutzen oder Nachteil für die Friedensfähigkeit. Und es befragt geschichtliche Erfahrungen nach der praktischen Möglichkeit, die menschliche Selbstzerstörung zu verhindern.

Christian Graf von Krockow, geboren 1927 in Ostpommern, war Professor für Politikwissenschaft in Göttingen, Saarbrükken und Frankfurt am Main. Seit 1969 arbeitet er als freier Publizist. 1982/83 war er Mitglied im Wissenschaftskolleg zu Berlin. Veröffentlichungen in der Serie Piper: *Mexiko*, 1974; *Sport, Gesellschaft, Politik*, 1980 u.a.

Christian Graf von Krockow

GEWALT FÜR DEN FRIEDEN?

Die politische Kultur des Konflikts

R. Piper & Co. Verlag
München Zürich

ISBN 3-492-00623-x
Originalausgabe
3. Auflage, 20.–29. Tausend Oktober 1983
© R. Piper & Co. Verlag, München 1983
Umschlag: Disegno
Gesamtherstellung: Clausen & Bosse, Leck
Printed in Germany

Inhalt

Von der Angst um den Frieden
Vorwort

Angst geht um, Angst vor dem, was kommen mag: Wird es Möglichkeiten eines lebenswerten Lebens, des Lebens überhaupt in der Zukunft noch geben?

Angst – verständlich genug. Es ist technisch möglich geworden, die Welt zu vernichten. Und die Instrumente zur Vernichtung wachsen, wuchern wie bösartiges Geschwür. Die Arsenale des Schreckens in Ost und West, längst bis zum Rande vielfachen Tötens gefüllt, werden noch immer, immer schneller aufgestockt. Das Todbringende aber gedeiht auf Kosten des Lebens. Menschen sterben, weil angeblich die Mittel nicht aufgebracht werden können, sie zu ernähren; Tier- und Pflanzenarten, Wälder sterben; die Natur überhaupt scheint bedroht wie noch nie in aller Geschichte.

Angst also springt auf. Sie sucht Wege aus der Gefahr, proklamiert statt des drohenden Endes eine Wende, probt den Aufstand gegen das Unerträgliche.[1] Offenbar nur konsequent wird es zum obersten Gebot, den Frieden zwischen den Menschen und den Frieden mit der Natur mit allen Mitteln zu retten.

Mit *allen* Mitteln? Womöglich sogar, so paradox wie folgerichtig: Gewalt für den Frieden? Natürlich nicht, werden aufrichtig alle sagen, die im Ernst und idealistisch für den Frieden sich engagieren: Widerstand mag geboten sein, aber dieser Widerstand gegen die Gewalt und für den Frieden muß an der eigenen Gewaltlosigkeit sich ausweisen.

Gewiß. Doch die Frage drängt sich auf, ob nicht – hinterrücks – ausgerechnet das idealistische Engagement eine fatale Konsequenz, eine Art Dialektik enthält: Könnte es sein, daß im großen Entweder-Oder radikale Fronten entstehen zwischen dem absolut Guten und dem absolut Bösen, dem Heil und dem Unheil schlechthin? Zwischen den Kindern des Lichts und den Kindern der Finsternis? Daß, selbstgerecht, den Andersdenkenden alle Friedensfähigkeit abgesprochen wird? Und daß, eben damit, ein Abgrund zwischen Freund und Feind aufbricht, der keinen Brückenschlag mehr erlaubt?

Wäre es so, müßten neue Ängste entstehen: Ängste um den inneren Frieden, der im Kampf für den äußeren verspielt werden könnte. Denn wie lange wohl vermag das absolute Engagement die eigene Inkonsequenz, die Beschränkung aufs rein Moralische und das bloß symbolische Handeln zu ertragen – da es auf Praxis, auf politische Wirkung doch ausdrücklich angelegt sein soll, und dies im vermeintlichen oder wirklichen Wettlauf mit der Zeit wider die Weltkatastrophe? Nur konsequent wäre, mit anderen Worten, der Umschlag des idealistischen Engagements in den Schrecken des zerstörten Friedens, dem es eigentlich vorbeugen will: in den Bürger-Krieg. Wo indessen der innere Friede zerbricht, wird auch der äußere kaum mehr gewahrt werden können. Daher gilt: »Wer ›Nie wieder Krieg!‹ will, muß nun auch ›Nie wieder Bürgerkrieg!‹ geloben.«[2]

Aber mit dem Gelöbnis allein ist es schwerlich getan. Daß ausgerechnet der Kampf für den Frieden in die Gewalt, in die Zerstörung des Friedens münden könnte – das gerade ist die Befürchtung, die Angst macht.

Von solcher Angst wird dieses Buch bestimmt. Es will warnen. Es soll die Mechanik des Umschlagens idealistischen Engagements in Gewalt und Zerstörung sichtbar machen, wie auch die Zerstörbarkeit demokratischer Friedenssicherung im Namen und im Zeichen einer »wahren« oder »fundamentalen« Demokratie.

Aber es sollen auch und erst recht die positiven Möglichkeiten erkundet werden. Im Mittelpunkt steht: eine Ethik für den Frieden. Und es geht darum, die geschichtlichen Erfahrungen nicht auszublenden, sondern sie praktisch nutzbar zu machen, um Dämme gegen die menschliche Selbstzerstörung zu errichten.

Mit einem Satz: Dieses Buch will unbequem für den Frieden streiten.

Berlin, im Juli 1983   Christian Graf von Krockow

I
Die Versuchung des Absoluten

»Wir wollen in unserem Lande den Egoismus durch die Moral ersetzen, die Ehre durch die Rechtschaffenheit, die Gewohnheiten durch die Prinzipien, die Schicklichkeit durch die Pflicht, den Zwang der Tradition durch die Herrschaft der Vernunft, die Geringschätzung des Unglücks durch die Geringschätzung des Lasters, die Frechheit durch das Selbstgefühl, die Eitelkeit durch die Seelengröße, den Geldhunger durch die edle Ruhmsucht, die sogenannte gute Gesellschaft durch gute Menschen, die Ränkesucht durch die Verdienstlichkeit, den Schöngeist durch die Genialität, den falschen Glanz durch die Wahrheit, die Langweiligkeit der Wollust durch den Zauber des wahren Glücks, die Kleinheit der großen Leute durch die Größe des Menschen, ein artiges, leichtfertiges, klägliches Volk durch ein großes, glückliches Volk ... Mit einem Wort, wir wollen den Willen der Natur erfüllen, die Bestimmung der Menschheit Wirklichkeit werden lassen, die Versprechungen der Philosophie einlösen, die Vorsehung von der langen Herrschaft des Verbrechens und der Tyrannei freisprechen.«

Das ist ein berühmter Text. Er stammt aus der Rede Maximilian Robespierres vor dem französischen Konvent am 5. Februar 1794.[3] Dabei folgt freilich – und folgerichtig – aus dem Kampf für den neuen Menschen in einer neuen Welt, aus dem Anspruch aufs Absolute der Wahrheit und des Guten der Terror:

»Der Terror ist nichts anderes als das schlagfertige, unerbittliche, unbeugsame Recht, er ist somit eine Emanation der Tugend; er ist weniger ein besonderes Produkt als ein Produkt des allgemeinen Prinzips der Demokratie, das auf die dringendsten Angelegenheiten des Vaterlandes angewendet wird. – Man hat behauptet, der Terror sei die Triebkraft der despotischen Regierungsform. Gleicht denn die eure etwa dem Despotismus? Allerdings – so wie das Schwert, das in den Händen des Freiheitshelden glänzt, dem Schwerte gleicht, mit dem die Schergen der Tyrannei bewaffnet sind ... – Die Natur gibt jedem Lebewesen das Recht, für seine Selbsterhaltung Sorge zu tragen; das Verbrechen erwürgt die Unschuld, um herrschen zu können, und die Unschuld windet sich mit aller Kraft in den Klauen des Verbrechens. – Herrscht die Tyrannei auch nur einen einzigen Tag, dann gibt es bald keine Patrioten mehr. Wie lange noch wird man die Wut des Despoten Gerechtigkeit, die Gerechtigkeit des Volkes aber Roheit oder Aufsässigkeit nennen? Wie zartfühlend ist man doch gegenüber den Unterdrückern, wie unerbittlich gegen die Unterdrückten! Nichts ist natürlicher: Wer nicht das Verbrechen haßt, kann nicht die Tugend lieben! – Das eine oder das andere jedoch muß unterliegen. Nachsicht für die Royalisten, schreien manche Leute, Erbarmen für die Schurken! Nein: Erbarmen für die Unschuld, Erbarmen für die Schwachen, Erbarmen für die Unglücklichen, Erbarmen für die Menschlichkeit! ... – Die Menschheitsbedrücker bestrafen ist Milde; ihnen verzeihen ist Unmenschlichkeit. Die Härte der Tyrannen hat zum Prinzip nichts anderes als die Härte; die der republikanischen Regierung leitet sich aus der Menschlichkeit her.«[4]

Wohl nie zuvor oder seither ist so eindringlich, so ohne Selbstbetrug die fugenlose Konsequenz sichtbar gemacht worden: Wo es ums Absolute des Guten oder des Bösen, des Menschen- und Menschheitsheils oder des Unheils geht, da panzert ein Monopolbesitz der Tugend den Terror mit dem guten Gewissen. Denn es handelt sich ja um ein bloßes Mittel für das große Ziel, die »Morgenröte der Weltglückseligkeit« – wie es bei Robespierre heißt – und mit ihr den ewigen Frieden herbeizuführen, beziehungsweise die endzeitliche Weltkatastrophe zu verhindern. Genau damit aber rückt die Gewaltanwendung bis hin zum Terror zur Pflicht auf. Der Idealismus des Selbstopfers für das absolute Heil fordert erst recht, jene anderen zu opfern, die das absolute Unheil bringen. Mit Lenin zu reden: Wer nicht fähig ist, auf dem Bauch durch den Schmutz zu kriechen, ist kein Revolutionär, sondern ein Schwätzer.[5]

Es stellt sich freilich die Frage, ob nicht die einmal errichtete Herrschaft der selbsternannten revolutionären Monopolelite ihre eigene Dialektik mit sich führt: nämlich sich bürokratisch zu verfestigen und mehr und mehr zu verkrusten, statt in der Emanzipation der Massen sich selbst aufzuheben, in deren Namen man doch handelt. Für Frankreich hat schon Tocqueville in seinen Betrachtungen über den alten Staat und die Revolution melancholisch registriert, daß der absolutistische Zentralismus nicht etwa abgeschafft, sondern vollendet wurde, mit dem Ergebnis, daß, »sooft man später die absolute Gewalt zu stürzen versuchte, man sich stets damit begnügte, den Kopf der Freiheit auf einen servilen Rumpf zu setzen«.[6]

Es stellt sich weiter und erst recht die Frage, ob nicht auch die Verbindung von Tugend und Terror ihre eigene, fatale Dialektik entwickelt – in jenem Sinne, den Jules Monnerot an den Praktiken des Stalinismus ablas: »Um mitten im Frieden die kriegerischen Aktionen, die konzentrationären Praktiken und das Wiederauftauchen der Sklaverei zu entschuldigen, braucht man nichts geringeres als eine Verheißung des Paradieses. Auf diese Weise kommt es zu einer unmittelbaren Verbindung von Heilsgewißheit und menschlicher Scheußlichkeit.«[7]

Schließlich, aber nicht zuletzt drängt sich die Frage auf, wie man vorab nicht bloß ahnen und annehmen, sondern wissen und absolut sicher sein kann, was die Wahrheit ist – oder vielmehr: was sie sein wird – und was nicht. Wie, falls sich am Ende herausstellen sollte, daß man irrte, daß Heil und Unheil sich ganz anders aufteilten, als man das ursprünglich glaubte? Ist es dann damit getan, daß man die Opfer bedauert, sie wie eine Fehlinvestition abschreibt, die man sich und den anderen abforderte? Oder damit, daß man sie feierlich rehabilitiert – nachträglich? Aber die geschichtliche Zeit fließt unerbittlich dahin; was einmal geschah, läßt nie mehr sich rückgängig machen.

Die soeben gestellten Fragen mögen allen denen als Provokation, als empörend oder mehr noch als abwegig erscheinen, die heute mit einem so hohen Einsatz von Idealismus, Überzeugungsstärke und Opferbereitschaft für den Schutz der Natur, die Erhaltung des Lebens und die Bewahrung des Friedens sich engagieren. Sie wollen doch nur das Unheil verhindern, das die Mächtigen bereiten; sie wollen nicht für sich selbst die Macht.

Oder doch? Müssen sie sie nicht wollen, um etwas zu erreichen? Und, vor allem: Müssen sie – sofern es ihnen um ein absolutes Entweder-Oder geht – die Macht nicht anders, mit anderen Mitteln wollen, als es sonst in der freiheitlichen Ordnung üblich und geboten ist? Müssen nicht Wege beschritten werden, die – jedenfalls im Ergebnis – den inneren Frieden aufkündigen?

Die freiheitliche Ordnung zeichnet sich dadurch aus, daß sie einen Monopolanspruch von einzelnen oder Gruppen auf das Gute und die Wahrheit schlechthin, einen Alleinvertretungsanspruch des Gemeinwohls gerade *nicht* kennt, dafür allerdings die Möglichkeit der kritischen und kontroversen Diskussion, des Wettstreits um das jeweils Gebotene. Rechtsstaat und Verfassungsordnung stellen dafür die Verfahrensregeln bereit. Im Rahmen dieser Verfahrensregeln ist es selbstverständlich erlaubt, um Einfluß und Macht zu kämpfen. Ebenso muß es die Moral der freiheitlichen Ordnung sein, die eigentlich sich von selbst verstehen sollte, daß man für neue Werte, Prioritäten, ungewohnte und im Gewohnten unbequeme Ziele eintreten, für sie um Mehrheiten und damit um Entscheidungsbefugnisse werben darf. Das mag den Vorrang des Umweltschutzes vor dem Wirtschaftswachstum, den Ausstieg aus der Kernenergie, die entschiedene, notfalls auch einseitige Abrüstung oder was immer betreffen. Es ist sogar geboten, dem Ungewohnten und Unbequemen Chancen zu schaffen und noch im sachlichen Widerspruch es entschlossen gegen alle Versuche der Diffamierung oder des administrativen »Abwürgens« zu verteidigen. Wer zum Beispiel der Friedensbewegung pauschal unterstellt, sie würde von der DDR oder »von Moskau« bezahlt und gesteuert, handelt schwerlich als Demokrat. Natürlich gibt es kaum eine neue Bewegung, in die sich nicht auch fremde Interessen einmischen. Aber nicht darum geht es im Kern, sondern um die große Mehrzahl derer, die persönlich aufrichtig und selbstlos sich engagieren.

Nur eben: Alles kommt darauf an, daß dieses Engagement sich an die Verfahrensregeln des Rechtsstaates und der Verfassungsordnung hält. Denn den Verfahren kommt eine elementare Friedensfunktion zu. Das gilt vorab für zwei Grundregeln. Eine erste und ganz einfache besagt, daß die aus allgemeinen Wahlen hervorgegangenen parlamentarischen Mehrheiten zu Entscheidungen berufen sind. Eine zweite, nicht minder wichtige Regel besagt, daß die Entscheidungsbefugnis immer nur auf Zeit verliehen wird. Das Miteinander der beiden Regeln begründet die Friedensfunktion; es macht den zukunftsoffenen Wettstreit – auch den Konflikt – der Interessen und Anschauungen möglich, ohne der Gewalt zu verfallen. Denn die erste Regel sichert die Entscheidungsfähigkeit durch Mehrheiten, die »Regierbarkeit«, der die jeweiligen Minderheiten sich fügen müssen. Aber die zweite Regel soll sicherstellen, daß sie sich fügen können, weil ihnen nicht bloß die Möglichkeit bleibt, für ihre Auffassungen zu werben, sondern auch die Chance, Mehrheitsverhältnisse zu beeinflussen und sie zu den eigenen Gunsten zu verändern.

Über diese Bedingungen der inneren Friedenssicherung schien in der Bundesrepublik Deutschland – anders als in der Weimarer Republik – lange Zeit hindurch allgemeines Einverständnis zu herrschen, von praktisch unbedeutenden Randgruppen oder allenfalls terroristischen Desperados einmal abgesehen. Jetzt aber wird die Frage dringend, ob die Friedensfunktion der parlamentarischen Demokratie nicht zunehmend aus dem Blick gerät und womöglich leichthin verspielt werden könnte – und dies ausgerechnet mit »radikal«-demokratischem Anspruch in der Proklamation des »Friedens mit der Natur« und des »Friedens durch Abrüstung«. Fünf Beispiele, fast beliebig vermehrbar, mögen dies anschaulich machen; keines stammt aus dem extremistischen oder anarchistischen Abseits.

Beim ersten handelt es sich im Vorfeld der Bundestagswahl 1983 um ein Interview der Wochenzeitung »Die Zeit« mit dem Bundessprecher der »Grünen«, Rainer Trampert[8]:

Frage: »Wie wollen Sie ökonomisch und ökologisch sinnvolle Investitionen erzwingen?«

Trampert: »Wir gehen davon aus, daß eine solche Erzwingung nur durch ein Anwachsen des sozialen Widerstandes durchsetzbar ist. Eine andere Sprache verstehen die großen Parteien nicht.«

Frage: »Würden Sie physische Gewalt als ein Mittel ansehen, um eine Dislozierung (Aufstellung amerikanischer Raketen im Zuge der »Nachrüstung«) auf deutschem Gebiet zu verhindern?«

Trampert: »Die Gewaltfrage habe ich gern, weil sie normalerweise völlig falsch dimensioniert wird. Wenn man sich anguckt, daß ein Zerstörungspotential aufgebaut wurde, mit dem die Erde inzwischen wohl sechs-, siebenmal vernichtet werden kann, wenn man sich die reale Staatsgewalt anguckt, wie sie Herr Zimmermann (der Bundesinnenminister) vorschlägt und realisiert, dann ist der Steinwurf eines Demonstranten meines Erachtens Ausdruck einer schreienden Hilflosigkeit gegen dieses Gewaltpotential. Dennoch sagen die Grünen eindeutig, sie sind für gewaltfreie Aktionen zur Verhinderung der Stationierung, was phantasievolle Aktionen, auch Blockaden, einschließt.«

Frage: »Für den Fall, daß disloziert wird, sagen Sie aber Demonstrationen voraus?«

Trampert: »Wir kündigen sie ausdrücklich an. Wir werden an den geplanten Stationierungsorten in diesem Jahr sehr viele Aktionen machen.«

Frage: »Es gibt Befürchtungen, dann stünde ein ›ökologischer Bürgerkrieg‹ bevor. Sehen Sie so etwas auf uns zukommen?«

Trampert: »Hoffentlich. Ich kann ihn nicht herbeibeschwören. Ich kann nur sagen, ich würde einen gewaltfreien Bürgerkrieg unterstützen.«

Frage: »Wie sähe der aus? Ist ein gewaltfreier Bürgerkrieg nicht eine Lebenslüge?«

Trampert: »Ich kann nicht einen Kampf der Bürger gegen etwas, von dem sie die Vernichtung Mitteleuropas erwarten, in seiner Form diskutieren. Ich kann nur sagen, was uns als Grünen-Partei vorschwebt. Das sind gewaltfreie Aktionen. Mit welchen Mitteln ein solcher Kampf letztendlich geführt wird, hängt natürlich auch davon ab, wie groß die Gefährdung gesehen wird.«

Wohlgemerkt: Es geht um oder vielmehr gegen die demokratisch auf Zeit legitimierten Mehrheitsentscheidungen. Hinsichtlich der Mittel aber bleiben praktisch alle Hintertüren offen, weil es teils auf die allererst richtigzustellende »Dimensionierung« ankommt, teils von der eigenen, subjektiven Einschätzung der Dringlichkeit abhängt, welche Aktionsformen man am Ende wählt. Und mindestens zu fragen bleibt, ob man nicht leichtfertig ganz andere Kräfte dazu einlädt, ihre Lust an der Gewalt hinter scheinbar ehrenwerten Motiven zu verstecken. Die bisherigen Proben auf den ökologischen Bürgerkrieg sollten von Brokdorf bis zur »Startbahn West« in Frankfurt oder im »Häuserkampf« der Großstädte eigentlich zur Warnung dienen. Zur lauernden Lust auf die Gewalt, die man leicht weckt, aber schwer unter Kontrolle halten kann, ebenfalls ein Zitat:

»Unsere Power kann man spüren, wenn es Putz gibt auf der Straße: bis in die Zehenspitzen in den schnellen Turnschuhen, als

Zittern aus Lust und Angst in der Magengrube, beim Klirren der Scheiben nach dem befreienden Wurf, beim Lachen im Rennen. Und dabei bist du total cool. Halb ein stolzer Krieger, halb ein geschmeidiges Tier. Sie kriegen dich nicht, solange du keine Angst hast. Und wenn schon. Unsere Power ist, daß wir wenig zu verlieren haben. – Frechheit siegt. Unsere Power ist, was wir uns trauen: das Haus knacken, den Balken wegtragen, losziehen, wenn Randale angesagt ist, den Spruch an die Wand sprühen, die Barrikade anzünden oder auch die alte Wohnung kündigen. Unsere Power kann man spüren, wenn man Hemmschwellen durchbricht: der Bruch mit dem Vertrauten, dem Elternhaus, der Schule, der faden Clique, der Bruch mit dem öffentlichen Konsens, mit den ewig defensiven linken Gewißheiten, mit dem Machbaren. Es herrscht Aufbruchsstimmung. Überrascht von den selbstgeschaffenen Fakten hasten wir voran. Ein Kribbeln durchdringt uns. Das Gefühl der Sicherheit in einer völlig unsicheren Situation. Es ist die Sicherheit des Angreifers, die Gewißheit, etwas zu bewirken, durcheinanderzubringen. Sie wird bestätigt durch die Schlagzeilen auf der ersten Seite von *Bild* oder *BZ*, von den fahlen Gesichtern der Politiker, selbst von dem Riesenaufgebot der Polizei.«[9]

Das zweite Beispiel stammt von dem Frankfurter Politikwissenschaftler Iring Fetscher.[10] Er sagt zum Streit um die Kernenergie: Es »sollte klar sein, daß in dieser Frage der Hinweis auf die formal-demokratischen Verfahren nicht mehr ausreicht, um Legitimitätsüberzeugungen zu begründen. Genauso wenig, wie sich religiöse Minderheiten im 17. Jahrhundert – in England und den Niederlanden – durch Mehrheitsbeschlüsse von ihren Glaubensüberzeugungen abbringen ließen, lassen sich heute Gegner der Nukleartechnologie … davon überzeugen, daß wir ›in die Steinzeit‹ zurückfallen, wenn wir auf diese technologische Möglichkeit verzichten, und daß sie sich aus diesem Grunde dem Mehrheitsvotum beugen müssen.«

Nun geht es im Ernst wohl kaum um das »Steinzeit«-Argument, um so mehr aber um die im Vergleich selbsterzeugten quasi-religiösen, heils- und unheilsgeschichtlichen Perspektiven. Sie führen in das ausweglose Dilemma, das Fetscher selbst schildert: »Als während des konfessionellen Bürgerkrieges im 17. Jahrhundert die widerstreitenden Konfliktparteien sich nicht einigen konnten, wurde der politische Friede dadurch wiederhergestellt, daß sich der Staat aus der Sphäre der religiösen Streitigkeiten herauszog. – Eine analoge Haltung ist deshalb bei unserer Streitfrage nicht möglich, weil der moderne Staat selbst als handelndes Subjekt energischer Förderer der technologischen Entwicklung ist. Ohne seine Entscheidungen, ohne die Vorfinanzierung nuklearer Forschung, die Abdeckung des überhöhten Risikos usw. wäre die Entwicklung z. B. der Kernenergie kaum möglich gewesen und kann sie weder fortgesetzt noch abgebrochen werden. Der Staat kann sich daher auch nicht aus dem Gebiet der Diskussion um künftige Energiesysteme und die industriellen Entwicklungen heraushalten.«

In der Tat – auch wenn es sich wohl weniger um den »Staat an sich« handelt, als vielmehr um die politischen Kräfte, die auf der Grundlage demokratischer Mehrheitsentscheidungen das Regierungshandeln bestimmen. Im übrigen allerdings erweist sich Fetschers Vergleich als aufschlußreich falsch. Denn die Durchsetzung religiöser Toleranz war im Falle der Niederlande, Englands oder der Vereinigten Staaten von Amerika keineswegs nur – wie vielleicht in Preußen – eine Sache der Staaträson. Weitaus wichtiger war ein anderer Vorgang: Die Bürger selbst lernten es allmählich, auf die politische Durchsetzung religiöser Überzeugungen zu verzichten. Sie lernten es, das Absolute letzter Glaubensüberzeugungen von praktischer Politik zu trennen. Erst damit konnte die Toleranz sich zu einem Element politischer Kultur entwickeln; erst auf dieser Grundlage wurde die westlich-liberale Demokratie möglich. Genau diese Grundlage wird jedoch zerschlagen, wenn man den historischen Lernprozeß leichthin widerruft und wenn Entscheidungsfragen praktischer

Politik wieder ins Absolute des Religiösen hineingezogen werden. Das gilt auch dann – oder erst recht dann –, wenn es sich inzwischen um eine »Religiosität ins Diesseits« handelt.

Als Ausweg aus dem gegenwärtigen Dilemma schlägt Fetscher ein Moratorium vor. Das mag von Fall zu Fall sinnvoll sein, obwohl nur ausnahmsweise politische Probleme durch ihre Vertagung sich erledigen und es hier wohl eher um eine verdeckt vorweggenommene Option gegen die Kernenergie ginge. Entscheidend bleibt aber, daß die demokratische Mehrheitsregel nicht mehr anerkannt wird, weil man sich auf die eigene höhere Einsicht, einen Monopolbesitz absoluter Wahrheit und deren heilsgeschichtliche Perspektiven beruft. Konsequent bis ans Ende gedacht – und praktiziert – muß das verheerende Auswirkungen haben. Weil absolute Ansprüche und letzte Überzeugungen ihrem Wesen nach tatsächlich nicht mehrheitsfähig sind, *dürfen* Mehrheitsregeln und Mehrheitsentscheidungen gar nicht mehr hingenommen werden, wenn sie dem eigenen Zugriff aufs Absolute widerstreiten. Es ist dann heilige Pflicht, sie mit allen Mitteln zu bekämpfen. Die Konsequenz, mit anderen Worten, ist schließlich der Bürgerkrieg, der einzig mit dem Sieg und der Diktatur des jeweils Stärksten enden kann. Konsequenz ist die Zerstörung der parlamentarischen Demokratie, der freiheitlichen und zukunftsoffenen Ordnung.

Warnend wäre übrigens hinzuzufügen: Gerade diejenigen, die bisher sich in der Position des Schwächeren und in der Minderheit befinden, müßten eigentlich ein besonderes Interesse daran haben, daß die Verfahrensregeln der Verfassung aufs strikteste eingehalten werden. Denn einzig diese Regeln bieten ihnen Schutz und im Blick auf die Zukunft die Chance, Veränderungen zu bewirken. Wer daher durch seine Ankündigungen und durch sein Verhalten auf die Mißachtung der Regeln hinwirkt, handelt selbstmörderisch; er liefert der Macht der Mehrheiten Vorwände zur Verkürzung der Freiheit.

Entsprechendes gilt für den Rechtsstaat. Wer ihn nach allen

Regeln der Kunst zwar ausnutzt, um zum Beispiel den Bau von Kernkraftwerken aufzuhalten, aber die Gerichtsentscheidungen nicht hinnimmt, sofern sie ungünstig ausfallen, wirkt zu seinem Teil auf die Aushöhlung des Rechtsstaates hin. Und wer das Demonstrationsrecht zu einem Recht auf Widerstand gegen getroffene Entscheidungen »umfunktioniert«, darf sich eigentlich kaum wundern, wenn dann im Gegenzug das mißbrauchte Recht »gestrafft« und verkürzt wird.

Die Einstellung, die Fetscher an der Frage der Kernenergie sichtbar macht, kann natürlich auch oder erst recht auf die Friedensfrage übertragen werden. Das zeigt das dritte Beispiel. In seinem Buch »Frieden ist möglich – Die Politik der Bergpredigt« sagt Franz Alt: »Das folgenschwerste Schisma des Christentums ist nicht Luthers Kirchenspaltung, sondern die Trennung von Religion und Politik.«[11] Diese Trennung erscheint als Angelpunkt des Unheils; aus ihr soll folgen, daß uns die Fähigkeit zum Frieden ständig und schrecklich mißlingt, die sonst möglich wäre. Aber die Gewalten des Krieges und des Bürgerkriegs, die im Gefolge von Reformation und Gegenreformation so unheilvoll aufsprangen, entstammten gerade der Verbindung von Religion und Politik; erst die mühsam durchgesetzte Trennung der Bereiche machte ihre Eindämmung möglich. In unserem Jahrhundert, in dem die absoluten Ansprüche moderner »Weltanschauungen« mit altehrwürdigen Religionen konkurrieren, gilt der Sachverhalt erst recht.

Alt zitiert die Bergpredigt: »Selig, die keine Gewalt anwenden, denn sie werden das Leben erben.« Ganz gewiß. Doch eben darum doppelt unselig die, die – im Wortsinne guten Glaubens – der Gewalt Vorschub leisten.

Die Versuchung des Absoluten zeigt sich auch im vierten Beispiel. Peter Kern und Hans-Georg Wittig entwickeln in ihrem Aufsatz »Die Friedensbewegung – zu radikal oder gar nicht radikal genug?« eine »Öko-Ethik im Atomzeitalter«. Sie sagen unter anderem:

»Abgesehen davon, daß es nur kleine Minderheiten wären, die die Völker des Westens und des Ostens in die Katastrophe hineinzögen, abgesehen auch davon, daß die gesamten Bevölkerungen der fortgeschrittenen Industrienationen, um deren politische Lebensweise es höchstens geht, nur einen Bruchteil der Weltbevölkerung ausmachen, würde ein Atomkrieg – im Gegensatz zu der befürchteten kommunistischen Machtergreifung (im Falle einseitiger westlicher Abrüstung) – zugleich das Leben zumindest aller höheren Tiere und Pflanzen in völlig unverantwortbarer Weise vernichten. – Es gilt also: Da selbst eine defensiv gemeinte Beteiligung am System der atomaren Abschreckung als *ethisch unerlaubt* gelten muß und da ferner eine allseitige Abrüstung nicht abzusehen ist, die Zeit jedoch drängt, ist eine einseitige Abrüstung zum mindesten der Atomwaffen ethisch geboten. – So ergibt die Anwendung der Öko-Ethik, daß von der jeweils eigenen Seite, sowohl im Westen als auch im Osten, ein *nötigenfalls einseitiger Übergang letztlich zur gewaltfreien Verteidigung* als geschichtlich notwendig zu fordern ist. Gerade jene, die mit ihrer ethischen Freiheit und Verantwortlichkeit Ernst zu machen bereit sind, müssen diesen Übergang nach Kräften fördern.«[12]

Hier wird eine Hoffnung als ethische Norm absolut gesetzt: daß durch einseitige Abrüstung die Katastrophe des Vernichtungskrieges vermieden werden kann. Diese Hoffnung mag sich als tragfähig erweisen oder trügen; Gewißheit gibt es nicht. Es könnte auch sein, daß durch die einseitige Abrüstung in der Bundesrepublik und in Westeuropa das Unheil gerade heraufbeschworen wird, während die atomare Abschreckung weiterhin, wie bisher, geeignet wäre, den Frieden zu erhalten. Wer will und wer kann das eine oder das andere mit letzter Sicherheit vorhersagen? Die Ungewißheit, die schreckliche Möglichkeit des Irrtums gehört zum Wesen geschichtlicher Entscheidungen. Daraus mag sich die Versuchung des Absoluten erklären, die Neigung, den Abgrund des Ungewissen mit der selbsterzeugten Gewißheit zu überdecken. Aber in der Sache ändert sich damit nichts – außer freilich in dem schwerwiegenden Sinne, daß mit der Absolutsetzung des eigenen Standpunktes dem Andersdenkenden die Legitimität zu abweichenden Meinungen abgesprochen wird. Und was »ethisch« beginnt, will und muß in der eigenen Konsequenz doch wohl praktisch werden. Dies aber läuft wiederum auf die Proklamation des Widerstandes gegen alle Entscheidungen hinaus, die der eigenen Überzeugungsperspektive sich nicht fügen, also auf die Aufkündigung des inneren Friedens. Von der geforderten »Öko-Ethik« zum ökologischen Bürgerkrieg ist es ein kurzer, weil konsequenter Weg.

Die Härte der gestellten Alternative erlaubt keine Illusionen. Das hat – fünftes Beispiel – mit dankenswerter Klarheit Bernd Guggenberger zum Ausdruck gebracht in seinem Buch »Bürgerinitiativen in der Parteiendemokratie«[13], das eigentlich, seinem Sinne nach, »Bürgerinitiativen *gegen* die Parteiendemokratie« heißen müßte. Guggenberger sagt: »Was die Bürgerinitiativbewegung thematisch in ihrer Grundrichtung zum Ausdruck bringt, ist mit den von den Parteien traditionellerweise repräsentierten Themen, Werten und Normen immer weniger koexistenzfähig. So wenig dies im Einzelfall oft sichtbar wird – in ihrer Gesamtheit ergänzen die Bürgerinitiativen nicht auf eine vergleichsweise ›harmlose‹ Art die herkömmliche Parteiprogrammmatik, sondern liegen quer zu ihr.« Daher ist von einem »Fundamentalkonflikt« die Rede – und, folgerichtig, vom ökologischen Bürgerkrieg: »Was sich abzeichnet, ist eine bevölkerungsweite Fundamentalpolarisierung, welche die konfliktkanalisierenden Pazifierungsmuster der parlamentarisch-repräsentativen Demokratie Stück für Stück außer Kraft setzt.« Und: »Die Bürgerinitiativbewegung setzt, in einem ganz grundsätzlichen Sinn, das Problem der Reichweite und Grenzen politischer Entscheidungsfindung durch Mehrheiten auf die Tagesordnung.«[14]

Es mag dahingestellt bleiben, wie weit das tatsächlich zutrifft. Doch ob es sich nun um Wunsch oder Wirklichkeit handelt, wichtig ist die Feststellung als solche. Wenn nämlich die »Pazifierungsmuster«, also die Friedensfunktionen der parlamentarischen Demokratie im Sinne politischer Entscheidungsfindung durch Mehrheiten Stück für Stück außer Kraft gesetzt werden, dann kann es sich schwerlich um einzelne inhaltliche Zielsetzungen handeln, von denen kaum einzusehen ist, warum sie mit den Regeln des parlamentarischen Systems unvereinbar sein sollen. Es kann sich vielmehr nur darum handeln, daß die Ziele absolut gesetzt, daß sie nicht länger an Mehrheiten und das Risiko ihres Neinsagens ausgeliefert werden sollen. Damit verschwindet zugleich jede Kompromißfähigkeit. Guggenberger spricht von einem »lebensganzheitlichen« Prinzip, das im Gegensatz steht zu den Prinzipien der Arbeitsteilung, welche die repräsentative Demokratie ebenso wie die Industriegesellschaft insgesamt kennzeichnen. Doch damit wird wohl nur liebenswürdig verbrämt, was eigentlich beim totalitären Namen genannt werden müßte.

Es klang schon an, woher die Versuchung des Absoluten stammt. Eine nur schwer durchschaubare, verwirrende, komplexe Situation und die Ungewißheit einer düster wirkenden Zukunft schaffen Ängste. Man bewegt sich in kaum bekanntem Gelände, wie in einem Urwald, aus dem bald lockend, bald dunkel drohend Stimmen schallen. Stimmen wohin? Stimmen zum Leben oder zum Sterben? Wie ist Orientierung möglich?

Das Absolute liefert sie. Es zeigt den Weg zur Rettung. Es sagt, woher das Unheil stammt, wohin also – und vor allem: wogegen man sich wenden muß. Die Zweifel verschwinden, und Brücken mit scheinbar solidem Geländer leiten über den Abgrund der Ängste hinweg. Aus dem Gleichklang all derer aber, die miteinander einem Absoluten sich anvertrauen, wächst Stärke. Ein »Wir« entsteht, Solidarität, etwas wie Gemeinschaft und Geborgenheit. Oder »Identität« – kaum zufällig ein Begriff, ein Schlagwort unserer Zeit. Jedermann, so scheint es, befindet sich hierzulande auf der Suche nach seiner verlorenen Identität.

Freilich breitet entsprechend die Wehleidigkeit sich aus. Doch sie läßt sich verstehen. Der Mensch ist nun einmal – wie Friedrich Nietzsche es ausgedrückt hat – das »nicht festgestellte Tier«. Er muß sich immer erst zu dem machen, was er ist. Er kann die eigene Unbestimmtheit nicht ertragen, nicht darin verweilen; er braucht Anwort auf die Frage, wer er ist und wozu er da ist, eben: Identität. Sie wird in der Regel geschichtlich und sozial vorgezeichnet als die Bestimmtheit eines »Wir«, das feste Kontur gewinnt und als Kontur abgrenzt gegen »die anderen«, die anders sind.

In einfacher, um nicht zu sagen primitiver und nahezu alltäglicher Form können wir das schon Samstag für Samstag in Fußballstadien erleben, wenn die »Fans« sich mit »ihrer« Mannschaft identifizieren, um mit ihr ein Helden-Schurken-Stück zu erleben. Von den Rängen hallt dann der Chorgesang:

»Haut'se, haut'se – immer in die Schnauze!«

Oder:

»Hi – ha – ho – Schalke ist k. o.!«

Und, im Falle des Sieges, der Triumphgesang:

»So ein Tag, so wunderschön wie heute . . .«

Das mag uns abscheulich vorkommen. Aber es ist menschlich, nur allzu menschlich. Und gegen selbstgerechte Entrüstung wäre zu fragen: Welche positiven Identifikationsmöglichkeiten werden eigentlich sonst den jungen Leuten in der Stehkurve geboten? Haben Nationen sich im übrigen nicht oft sehr ähnlich benommen? Der einzig wirklich populäre Nationalfeiertag, den es in Deutschland je gab, war dem Gedenken an eine siegreiche Schlacht, an den Triumph über den »Erbfeind« gewidmet: der Sedanstag.

Darin lag gewiß nicht nur eine deutsche Eigenart oder Unart. Man denke an die jüngst noch von den Engländern im Falklandkrieg erprobte National- und Siegeseuphorie. Viele der Konflikte, in die Individuen, Gruppen und Völker geraten, stammen womöglich gar nicht aus dem Zusammenstoß der Anschauungen und der Sachinteressen, von denen her die Beteiligten sie deuten und sich rechtfertigen und von denen später dann die Historiker treuherzig berichten; diese Anschauungen und Interessen dienen oft eher nur zum Vorwand. Nein: In ihrer Tiefe stammen die Konflikte vielmehr aus der abgründigen Angst vor der Unbestimmtheit, aus dem horror vacui des Menschen: Es geht um die Herstellung jener Konturen von Identität und Gegenidentität, die allem Anschein nach erst das Freund-Feind-Verhältnis vermittelt. Daher die fatale, aber als geschichtliche Erfahrung wieder und wieder belegte Tatsache, daß ausgerechnet der Ausbruch eines unkalkulierbaren Konflikts, ja eines Krieges das Lebensgefühl sprunghaft steigert, unter Umständen bis hin zum Rausch. Als 1914 der Befehl zur Mobilmachung bekanntgegeben wurde, stimmte die vor dem Schloß in Berlin versammelte Menge spontan den Choral »Nun danket alle Gott« an ...[15]

Die Gefahren sind offenkundig. Wo immer die Identitätsbildung als Freund-Feind-Verhältnis moralisch ins »Letzte«, Absolute gerückt wird, wo sie nicht länger durch Gegenkräfte relativiert, ausbalanciert wird, da lauert schon die Katastrophe. Nicht zuletzt gibt es die Gefahr des Sich-Aufschaukelns, das Blendwerk einer Prophezeiung, die sich selbst erfüllt: Wenn »wir« uns gegenüber den »anderen« so verhalten, als seien sie die Träger des apokalyptischen Unheils schlechthin, dann werden diese anderen wahrscheinlich uns entsprechend einschätzen und behandeln – und so fort und fort in einem fatalen Zirkel, bis sich handgreiflich als wahr erweist, was am Anfang dem puren Wahn entsprang.

Es wird noch eingehend davon zu sprechen sein, wie die Gefahren abgewendet werden können.[16] Vorerst und vordringlich geht es aber darum, die Gefahren selbst sichtbar zu machen. Sie gründen in der Selbstgerechtigkeit des moralisch Letzten und

Absoluten, das in die praktische Politik eingebracht wird, – und in diesem Sinne in jeder Art von »politischer Theologie«, unter welchem Vorzeichen immer. Wer – zum Beispiel – »grün« zur »Farbe Gottes« erklärt [17], wird sich fragen lassen müssen, was eigentlich – außer eben in den Vorzeichen, Farben und Fahnen – seine Position von der schwarz-weiß-roten »Gott-mit-uns«-Theologie des Jahres 1914 oder von der braunen der »Deutschen Christen« des Jahres 1933 unterscheidet. Sind die Thesen der Barmer Bekenntnissynode schon ganz wieder vergessen, die 1934 die falsche Gleichsetzung von Letztem und Vorletztem feierlich widerriefen?

Ist die Scheidung der Kinder des Lichts und der Kinder der Finsternis und mit ihr die Zielrichtung des eigenen Kampfes erst einmal absolut gesetzt, so wirkt es tatsächlich konsequent, jedes verfügbare Mittel und für den Frieden die Gewalt einzusetzen: »Theologischer Kanon für die Anwendung von Macht und Gewalt kann nur ein theologisches Prinzip sein: Die Anwendung von Macht und Gewalt wird einzig durch den Zweck – und nicht durch das Amt –, durch das Ziel – und nicht durch die Institutionen – legitimiert. Die Legitimation zur Androhung und Anwendung von Gewalt besteht also darin, menschenwürdige Zustände zu schaffen, Recht im Sinne von Gerechtigkeit und Frieden zu bringen. Damit aber wird zugleich die Gewaltanwendung legitimiert; Gewalt ist zur Zeit das einzige, aber in vielen Fällen unzulängliche Mittel zur Veränderung rechtloser und friedloser Situationen, weil die Gewalt zugleich zerstörende wie aufbauende Kräfte in sich birgt.« [18]

Hier schließt sich der Kreis zu dem am Anfang dieses Kapitels Gesagten. Denn natürlich muß es sich nicht um Theologie im engeren, überlieferten Sinne handeln. Die »Religiosität ins Diesseits« kann in der modernen Welt viele Formen annehmen, und Maximilian Robespierre gehörte nur zu den ersten, die versuchten, sie in politische Praxis umzusetzen. Immer jedoch entsteht damit die Gefahr, mit der das Rettende keineswegs automatisch wächst. Immer gilt – und nicht bloß für die Parteien –, was Adolf Arndt einmal so formuliert hat:

»Der soziale Staat und die menschenwürdige Gesellschaft sind ein Vorletztes; ihnen kann nicht gerecht werden, wer sich übernimmt, einzig im Namen des Letzten zu leben, und dadurch das uns anvertraute Diesseits mißachtet. Wer so verfährt, verfällt der Gefahr, nicht aus der Wahrheit, die er sich so offenbart glaubt, tätig zu sein, sondern mit dem politisch zu wirken, was sich an Brauchbarkeit mit dieser Wahrheit anfangen läßt, indem sie für ihn nicht mehr unverfügbare Wahrheit, sondern etwas Fungibles und Funktionierendes wird, kurz: eine Ideologie … Ich bitte, es als das Herzstück meines Versuchs, als den beschwörenden Zuruf meiner Ausführungen aufzufassen, wenn ich jetzt sage: Die Unmenschlichkeit bricht aus, sobald im Vorletzten, wie es jeder demokratischen Partei als Ort gebührt, eine letzte Wahrheit vom Menschen zum Maßstab für mitmenschliche Gemeinschaft erhoben wird.« [19]

II

Von der Suche nach der verlorenen Identität und der Möglichkeit, Demokrat zu sein

»Die Bundesrepublik Deutschland ist, dreißig Jahre nach den Bemühungen der Väter ihres Grundgesetzes, an objektiven Maßstäben gemessen der stabilste Großstaat Westeuropas. Nur – ihre Bürger können es nicht glauben. – Für den, der immer wieder sein Leben in Deutschland durch längere Auslandsaufenthalte unterbricht, ist dies bei jeder Rückkehr aufs neue der paradoxe Eindruck. Der objektiven Stabilität entspricht keine subjektive Sicherheit, dem Selbstverständnis der Bundesdeutschen fehlt die Selbstverständlichkeit. Was die Umfragen als die Angstlücke beschrieben haben – daß von der großen Mehrheit, der es nach eigenem Befinden gut geht, ein erheblicher Teil Schlimmes erwartet –, erscheint vielen ausländischen Beobachtern geradezu als die deutsche Ideologie von heute oder, wenn man so will, als das Grundproblem der kollektiven Psychologie der deutschen Zeitgenossen.«[20]

Ein typisches Urteil – und zu allererst aus deutschem Munde. Wenn andere den Deutschen wenig trauen und selten sie lieben, dann trauen und lieben die Deutschen noch weniger sich selbst. Sie mögen tüchtig sein und erfolgreich. Aber was sie geschaffen haben, taugt offenbar kaum, um sich darin häuslich und heimatlich einzurichten. Schon gar nicht taugt es zum Glück. Wenn man könnte, müßte man eigentlich alles zerschlagen, um noch einmal ganz von vorn bei einer »Stunde Null« anzufangen.

Diese Haltung ist keineswegs neu. Sie stammt von weither.

Ein Muster hat schon am Anfang des 19. Jahrhunderts der Philosoph Johann Gottlieb Fichte geschaffen, als er 1804/1805 in Berlin seine Vorlesungen über »Die Grundzüge des gegenwärtigen Zeitalters« hielt.[21] Darin teilte er die Weltgeschichte in fünf Hauptepochen ein. Die dritte und gegenwärtige erschien ihm als ein »Stand der vollendeten Sündhaftigkeit«, dem erst künftig einmal, dialektisch, der »Stand der vollendeten Rechtfertigung und Heiligung« würde folgen können.

An diese Art von Idealismus dachte Heinrich Heine, als er 1835 prophetisch schrieb: »Die deutsche Revolution wird darum nicht milder und sanfter ausfallen, weil ihr die Kantsche Kritik, der Fichtesche Transzendentalidealismus oder gar die Naturphilosophie vorausging. Durch diese Doktrinen haben sich revolutionäre Kräfte entwickelt, die nur des Tages harren, wo sie hervorbrechen und die Welt mit Entsetzen und Bewunderung erfüllen können. Es werden Kantianer zum Vorschein kommen, die auch in der Erscheinungswelt von keiner Pietät etwas wissen wollen und erbarmungslos, mit Schwert und Beil, den Boden unseres europäischen Lebens durchwühlen, um auch die letzten Wurzeln der Vergangenheit auszurotten. Es werden bewaffnete Fichteaner auf den Schauplatz treten, die in ihrem Willensfanatismus weder durch Furcht noch durch Eigennutz zu bändigen sind ... Doch noch schrecklicher als alles wären Naturphilosophen, die handelnd eingriffen in die deutsche Revolution und sich mit dem Zerstörungswerk selbst identifizieren würden. Denn wenn die Hand des Kantianers stark und sicher zuschlägt, weil sein Herz von keiner traditionellen Ehrfurcht bewegt wird; wenn der Fichteaner mutvoll jeder Gefahr trotzt, weil sie für ihn in der Realität gar nicht existiert; so wird der Naturphilosoph dadurch furchtbar sein, daß er mit den ursprünglichen Gewalten der Natur in Verbindung tritt, daß er die dämonischen Kräfte des altgermanischen Pantheismus beschwören kann und daß in ihm jene Kampflust erwacht, die wir bei den alten Deutschen finden und die nicht kämpft, um zu zerstören noch um zu siegen, sondern bloß um zu kämpfen. Das Christentum – und das ist sein schönstes Verdienst – hat jene brutale germanische Kampflust einigermaßen besänftigt, konnte sie jedoch nicht zerstören, und wenn einst der zähmende Talisman, das Kreuz, zerbricht, dann rasselt wieder empor die Wildheit der alten Kämpfer, die unsinnige Berserkerwut, wovon die nordischen Dichter soviel singen und sagen. Jener Talisman ist morsch, und kommen wird der Tag, wo er kläglich zusammenbricht. Die alten steinernen Götter erheben sich dann aus dem verschollenen Schutt und reiben sich den tausendjährigen Staub aus den Augen, und Thor mit dem Riesenhammer springt endlich empor und zerschlägt die gotischen Dome.«[22]

Es liegt nahe zu sagen, daß den Deutschen der Nationalstaat fehlte, in dem andere Völker längst und selbstverständlich sich eingerichtet hatten. Aber warum konnte man sich dann mit Bismarcks Werk nicht bescheiden? Kaum daß der erste Jubel verklungen und die Gründergeneration abgetreten war, begann ein seltsam unruhiges Suchen nach neuen Zielen, so als gelte es, einen vorenthaltenen »Platz an der Sonne« erst noch zu erkämpfen. In den Worten Max Webers aus dem Jahre 1895: »An unserer Wiege stand der schwerste Fluch, den die Geschichte einem Geschlecht mit auf den Weg geben kann: das harte Schicksal des politischen *Epigonentums* ... Entscheidend ist auch für *unsere* Entwicklung, ob eine große Politik uns wieder die Bedeutung der großen politischen Machtfragen vor Augen zu stellen vermag. Wir müssen begreifen, daß die Einigung Deutschlands ein Jugendstreich war, den die Nation auf ihre alten Tage beging und seiner Kostspieligkeit halber besser unterlassen hätte, wenn sie der Abschluß und nicht der Ausgangspunkt einer deutschen Weltmachtpolitik sein sollte.«[23]

Ungefähr um die gleiche Zeit machte – symbolisiert unter anderem durch die aufkommende Jugendbewegung – ein antiurbaner, antizivilisatorischer Affekt sich bemerkbar, eine romantische Suche nach der verlorenen Natürlichkeit, eine Art von

Rousseauismus. Seither scheint periodisch, in immer neuen Schüben, dieser Affekt wieder und wieder mächtig zu werden und allenfalls dann vorübergehend bezähmbar zu sein, wenn im Gefolge von Katastrophen die Errungenschaften der modernen Zivilisation tatsächlich verloren sind.

Ungenügen am Bestehenden, die Unfähigkeit, sich mit dem Unvollkommenen abzufinden und darin sich einzurichten; was daraus folgen konnte, hat mit dem Scharfblick des Gegners der Führer Frankreichs im Ersten Weltkrieg, Georges Clemenceau, beschrieben: »Lieber Freund, es entspricht dem Wesen des Menschen, das Leben zu lieben. Der Deutsche kennt diesen Kult nicht. Es gibt in der deutschen Seele, in der Kunst, in der Gedankenwelt und Literatur dieser Leute eine Art von Unverständnis für alles, was das Leben wirklich ist, für das, was seinen Reiz und seine Größe ausmacht, und an dessen Stelle eine krankhafte und satanische Liebe zum Tod. Diese Leute lieben den Tod. Diese Leute haben eine Gottheit, die sie zitternd, aber doch mit einem Lächeln der Ekstase betrachten, als wären sie von einem Schwindel erfaßt. Und diese Gottheit ist der Tod. Woher haben sie das? Ich weiß darauf keine Antwort. Der Deutsche liebt den Krieg als Selbstliebe und weil an dessen Ende das Blutbad wartet. Der Krieg ist ein Vertrag mit dem Tod. Der Deutsche begegnet ihm, wie wenn er seine liebste Freundin wäre.«[24]

Woher stammt die deutsche Problematik? Warum fehlt dem Selbstverständnis die Selbstverständlichkeit? Und warum kommt die Suche nach der verlorenen Identität nicht ans Ziel? Dafür gibt es natürlich die Deutungen als Dutzendware, die mehr oder minder plausiblen ebenso wie die abwegigen. Zu den plausiblen zählen die, die nichts erklären, weil sie nach bekanntem Muster die Armut aus der pauvreté ableiten. Wenn wir zum Beispiel von den Kontinuitätsbrüchen unserer Geschichte reden und auf Jahreszahlen wie 1918, 1933, 1945 verweisen, dann ist doch die Frage, ob wir nicht als Ursache benennen, was selbst schon Auswirkung darstellt.

Vielleicht hilft es weiter, wenn ein Begriff eingeführt wird, der freilich auf den ersten Blick eher befremden dürfte: der des *Milieus*. Damit sind zwar nicht naturhafte, aber über lange Zeiträume gewachsene und in ihnen befestigte Lebensformen gemeint: Zusammenhänge, in die der einzelne sich selbstverständlich eingebettet findet und die ihn ebenso bestimmen und stützen, wie sie ihn zugleich freilich begrenzen. Milieus umfassen Arbeitswelt, Familie, Ausbildung, Bräuche und Feste, kurz das ganze Dasein. Nicht zuletzt stiften sie einen Zusammenhang der Generationen. Und indem sie dem Leben Orientierung, Profil geben, schaffen sie mit der Abgrenzung gegen das Fremde zugleich das, was wir heute als Identität bezeichnen.

Es gab einmal viele und sehr verschiedene Milieus: ländliche und urbane, bürgerliche und proletarische, konfessionelle und so fort. Vor allem gab es Milieus als regionale; das kölnisch-rheinländische und katholische zum Beispiel, in dem ein Konrad Adenauer aufwuchs, war durch Welten verschieden von dem preußisch-protestantischen und in der Oberschicht aristokratisch geprägten des deutschen Ostens. Sogar innerhalb des Protestantismus gab es große Unterschiede; der Patriarchal-Pietismus Pommerns sah völlig anders aus als der Bürger-Pietismus Württembergs.

Was Milieus einmal bedeutet haben, kann man aus der Literatur erfahren: bei Fontane und Thomas Mann wie bei Fritz Reuter, Ludwig Thoma oder Johann Peter Hebel. Im Abglanz zum mindesten gilt das noch nach dem Zweiten Weltkrieg: Was wäre Heinrich Böll ohne Katholizität und Köln, was Günter Grass ohne sein kaschubisch umlagertes Danzig? Was dagegen auffällig fehlt, ist die literarische Darstellung eines Milieus, das direkt, ohne die Brechung im Besonderen, nationale Repräsentanz beanspruchen könnte. Kein Balzac, Dickens oder Tolstoi weit und breit. Allenfalls deutet sich etwas wie nationale Repräsentanz im Problematischen und Negativen an, wie im »Untertanen« von Heinrich Mann. Wo die direkte und positive Repräsentanz dennoch versucht wird, gerät sie wie zwanghaft teils ins historisch weit Hergeholte oder ins menschheitlich Allgemeine, teils ins Zweit- und Drittklassige – und dann rasch in Sentimentalität, peinliche Theatralik, heroisch leeres Getöse, mit einem Wort in den Kitsch, sozusagen in der Spannweite von Wildenbruch bis zur Marlitt.

Der Sachverhalt läßt sich verstehen, denn Literatur zeigt, was ist und was nicht ist. Es mangelt in Deutschland am nationalen Milieu. Zunächst einmal fehlt die bindende und verbindliche konfessionelle Prägung. Man denke vergleichend an die Katholizität Polens, die sich abgrenzte gegen das protestantische Preußen und das orthodoxe Rußland. Ähnlich Irland. Oder man denke an die calvinistische Prägung der Niederlande von ihrer historischen Ausgangskonstellation her; wie ein Niederländer es einmal ausdrückte: »Unsere Katholiken sind calvinistisch, unsere Sozialisten und Atheisten sind es – und sogar unsere Calvinisten.«

Es fehlt in Deutschland aber auch an selbstbewußten bürgerlichen Leitbildern, wie sie Frankreich und andere westliche Länder kennzeichnen. Sie setzen sich als politisch gültige so wenig durch wie als gesellschaftlich herrschende. Eher noch suchte das Bürgertum seinerseits Orientierung an vorbürgerlichen Leitbildern. So wurde es in der wilhelminischen Zeit zunehmend zum Renommier-Standesideal, Reserveoffizier in einem möglichst feudalen Regiment und Mitglied in einer schlagenden Verbindung zu sein.[25] Zwar mochten die Sozialrollen des preußischen Offiziers und des »satisfaktionsfähigen« Akademikers prestigeträchtig sein. Aber im Gegensatz etwa zum englischen »gentleman« waren sie kaum verallgemeinerungsfähig, sondern im Gegenteil auf Exklusivität angelegt.[26]

So könnte man fortfahren. Die farbige Vielfalt der Sondermilieus stellte gewiß einen deutschen Reichtum dar. Sie schuf jedoch auf der nationalen Ebene und im Zeitalter des Nationalstaates ein gefährliches Vakuum. Wie konnte es gefüllt werden? Zunächst entwickelte sich eine romantische, historisierende

Deutschtümelei, die freilich genau betrachtet immer tautologisch blieb, wie eben die Erklärung der Armut aus der pauvreté. Deutsche Eichen, deutsche Treue, deutscher Wein und deutscher Sang ... Dergleichen mochte sich für Stammtischphrasen und Sonntagsreden, vielleicht sogar zum erbaulichen Aufschwung, zur Begeisterung oder Berauschung in Ausnahmesituationen eignen; zur alltagspraktischen Orientierung und zum strapazierfähigen Gebrauch in der Normalität taugt es um so weniger.

Bei Hegel heißt es einmal: »Unter Patriotismus wird häufig nur die Aufgelegtheit zu außerordentlichen Aufopferungen und Handlungen verstanden. Wesentlich aber ist er die Gesinnung, welche in dem gewöhnlichen Zustande und Lebensverhältnisse das Gemeinwesen für die substantielle Grundlage und Zweck zu wissen gewohnt ist. Dieses bei dem gewöhnlichen Lebensgange sich in allen Verhältnissen bewährende Bewußtsein ist es dann, aus dem sich auch die Aufgelegtheit zu außergewöhnlicher Anstrengung begründet. Wie aber die Menschen häufig lieber großmütig als rechtlich sind, so überreden sie sich leicht, jenen außerordentlichen Patriotismus zu besitzen, um sich diese wahrhafte Gesinnung zu ersparen oder ihren Mangel zu entschuldigen.« [27]

Diese Kritik zielt nicht aufs Ungefähre, sondern auf deutsche Einstellungen. Und die Einstellungen haben damit zu tun, daß die Brücke von den alltagspraktischen Orientierungen am Sondermilieu zum Nationalen hin kaum real tragfähig war, also tatsächlich nur romantisch und historisierend konstruiert werden konnte.

Als noch gefährlicher erwies sich dann die Romantisierung der Macht und deren »Begründung« im angeblich Naturhaften. Was das bedeutete, hat schon zur Zeit des deutsch-französischen Krieges von 1870/71 der französische Publizist und Religionshistoriker Ernest Renan seinem deutschen Briefpartner David Friedrich Strauß warnend – und prophetisch genug! – vorgehalten, als es darum ging, das Elsaß und Teile Lothringens unter Berufung auf ethnische Ursprünge dem Deutschen Reich einzuverleiben: »Ihr (Deutschen) habt an Stelle der liberalen Politik das Banner archäologischer und ethnographischer Politik entfaltet; diese Politik wird euch zum Verhängnis werden. Die vergleichende Philosophie, die ihr geschaffen und zu Unrecht auf das Feld der Politik übertragen habt, wird euch übel mitspielen. Die Slawen werden sich dafür begeistern ... Wenn eines Tages die Slawen Anspruch auf das eigentliche Preußen, auf Pommern, Schlesien und Berlin erheben werden, und zwar deswegen, weil alle diese Namen slawischen Ursprungs sind, wenn sie an Elbe und an Oder das tun, was ihr an der Mosel getan habt, wenn sie auf der Karte den Finger auf die wendischen oder obotritischen Dörfer legen, was werdet ihr dann zu sagen haben? Nation ist nicht gleich Rasse.«[28]

In der Tat. Die buchstäbliche Bodenlosigkeit aller Kompensationen des Mangels an substantieller Identität hat sich in zwei Weltkriegen und mit der nur zu konsequenten Selbstzerstörung des so spät und so kostspielig erst errungenen Nationalstaates erwiesen. Doch das Problem hat sich dadurch nicht erledigt, auch nicht dadurch, daß man versuchte, auf einmal gar nicht mehr Deutscher, sondern bloß noch Europäer zu sein. Schon im Reflex der anderen, der Franzosen, Niederländer oder Polen, die weiterhin selbstbewußt in ihrer nationalen Identität gründen, werden wir auf uns selbst als Deutsche zurückverwiesen. Das Problem stellt sich also seit 1945 nur in gewandelter, wenn nicht gar in verschärfter Form – und dies nicht bloß, weil auf deutschem Boden zwei Staaten mit konkurrierenden, einander ausschließenden Ansprüchen entstanden sind. Denn inzwischen haben auch die alten Sondermilieus zunehmend sich aufgelöst, die wenigstens vorpolitisch und traditionsbestimmt einen Teil der Identitätsbedürfnisse hatten auffangen können.

Zu dieser Auflösung angestammter Milieus hat nicht zuletzt der Nationalsozialismus beigetragen – entgegen den Hoffnungen vieler, die zunächst auf ihn setzten. Die totalitäre Gewaltherrschaft muß, um alle gesellschaftlichen Kräfte im Dienste des Machtkampfes nach innen und außen zu aktivieren, die Gesellschaft möglichst vollständig durchdringen. Und wie die totalitäre Gewalt, soziologisch gesehen, sozusagen dem Anti-Milieu der Milieulosen entstammt, so muß sie die relative Geschlossenheit traditioneller Milieus als Element der Trägheit und Fremdheit, wenn nicht gar als Potential des Widerstandes gegen »Gleichschaltung« und »totale Mobilmachung« erbittert bekämpfen. Tatsächlich ließe sich die Geschichte des Widerstandes gegen den Nationalsozialismus ja weithin als eine Geschichte aus Milieus beschreiben: von den konfessionellen und den sozialistisch-proletarischen bis hin zum preußisch-aristokratischen.

Praktisch bedeutsamer waren allerdings die Erfolge des Regimes. Krieg und Kriegsfolgen taten ein übriges; man denke nur an das Einströmen der Millionen von Heimatvertriebenen und Flüchtlingen. Charakteristisch genug sind nach 1945 Anbindungen von Massenorganisationen an Milieus entweder gar nicht mehr versucht worden oder verblaßt: An die Stelle von Richtungsgewerkschaften oder Richtungssportbünden traten Einheitsgewerkschaft und Einheitssportbund; gegenüber der neuen Volkspartei CDU hatte die alte Milieupartei Zentrum keine Chance mehr, und die SPD kam auf Erfolgskurs erst, als sie, markiert durch das Godesberger Programm, den Wandel zur Volkspartei nachvollzog.

Der Gesamtvorgang erweist sich als durch und durch ambivalent. Auf der einen Seite bringt die Auflösung der Milieus einen Modernitätsschub mit sich. Das Individuum »emanzipiert sich«, löst sich aus Bindungen, die im Rückblick als Fesseln erscheinen. Die Mobilitäts- und die Aufstiegschancen wachsen. Der wirtschaftliche Erfolg der Bundesrepublik, aber auch ihre relative, alle Anfangserwartungen übertreffende politische Stabilität ist durch diesen Modernitätsschub gefördert, wenn nicht begründet worden.

Auf der anderen Seite hatten die Milieus Verhaltensorientierung geliefert – und dies in dem prägenden Zusammenhang, der alle Lebensbereiche umfaßte und zur Einheit zusammenschloß. Gerade die traditionsmächtigen Begrenzungen der Milieus ergaben Sicherheit, Lebensperspektive, Identität. Sie zerfallen mit den Bindungen und Grenzen. Es wachsen, zwangsläufig, der individuelle Leistungs- und Konkurrenzdruck – und damit die Orientierungsschwierigkeiten und Versagensängste. Daher entsteht so etwas wie »Nostalgie«, eine wiederum höchst ambivalente Sehnsucht und Suche nach der verlorenen Geborgenheit. Bei alledem liegt es zum mindesten nahe, daß zugleich ideologisch militante Formen von Antimodernität sich entwickeln oder vielmehr neu entstehen: Urbanität und Liberalität, Technik und Industrie erscheinen dann, wie die arbeitsteilige und leistungsorientierte Industriegesellschaft überhaupt, als das Fremde, Feindselige, Lebensbedrohende schlechthin.

Wie zum Ersatz des Milieus, als ihr Surrogat, bilden sich moderne Spielarten des Gettos: Ausgrenzungen oder »Gemeinschaften« der Gleichaltrigen, Gleichartigen, Gleichgesinnten. Besonders auffällig zeigen sie sich in Subkulturen der Jugend. Solche Gettos mögen durchaus einige der Orientierungs- und Schutzfunktionen übernehmen, die einst den Milieus eigneten. Aber im Unterschied zu diesen erweisen sich die modernen Gehege als eigentümlich strukturarm. Zum Beispiel werden Familien- und Generationszusammenhänge weitgehend gekappt, nicht selten sogar die zur Arbeitswelt. Die jeweils aktuellen »Bewegungen«, Leitbilder und Ausdrucksformen – von der Musik, der Kleidung, der Sprache, der Stilisierung überhaupt bis hin zu modisch religiösen und politischen oder antipolitischen Sinnzielen – dienen wesentlich dazu, die Fremdheit und Feindseligkeit, das Unverständnis der Außenwelt demonstrativ sichtbar zu machen, es geradezu zu provozieren, um damit die innere Abriegelung gegen sie zu begründen und jenes Freund-Feind-Verhältnis zu schaffen, das den Gemeinschaften und Bewegungen erst Profil gibt.

Aber damit entsteht, zum mindesten der Tendenz nach, ein pathologisches Verhältnis, ein fundamentales Mißverhältnis nicht nur zur Gegenwart, sondern vor allem zur Zukunft. Sie *ängstigt*. Denn in der Strukturarmut des modernen Gettos kann eine Lebensperspektive sich schwerlich entwickeln. Man kann zum Beispiel nicht dauernd jugendlich bleiben. Das ungestillte Sinnverlangen aber trifft mit voller Wucht und Wut die bestehenden Institutionen, auch und gerade die politischen – letztlich, wie es heißt, »das System« oder »den Staat« schlechthin.

Dies ist, natürlich in geraffter und entsprechend pointierter Form, eine Diagnose dessen, womit wir es heute zu tun haben. Nicht das ist das Problem, daß neue Werte und Ziele proklamiert werden. Gegen alle lauernden Mißverständnisse sei wiederholt, was schon im ersten Kapitel gesagt wurde: Man kann den Vorrang des Umweltschutzes vor dem Wirtschaftswachstum, den Ausstieg aus der Kernenergie, die entschiedene, notfalls einseitige Abrüstung verlangen. So unbequem oder vielleicht utopisch dergleichen sein mag, in einem freien Gemeinwesen muß es selbstverständlich erlaubt sein – sofern es *innerhalb* der demokratischen Ordnung im geduldigen Werben um Mehrheiten geschieht. Doch es scheint, als gehe es oft genug eher um Vorwände, darum, zu verlangen, was gar nicht erfüllt werden kann – »Seid realistisch, fordert das Unmögliche! Und zwar sofort!« –, um so in einer totalen Heils- und Unheilsperspektive die radikale Ablehnung alles Bestehenden zu begründen.

Betrachtet man den Sachverhalt in seiner geschichtlichen Dimension, vor dem Hintergrund deutscher Erfahrungen, so ist das alles zwar keineswegs neu. Nur die Vor- und Feldzeichen haben gewechselt. Die Beteiligten freilich verstehen es, sich selbst aus dem historischen Erfahrungshorizont auszublenden, zum Beispiel mit dem bequemen Schlagwort »Faschismus«, mit dem man selbstverständlich nichts zu tun haben will, den man vielmehr im Freund-Feind-Verhältnis den jeweils »anderen« zuweist. Aber in Wahrheit gibt es deutsche Kontinuität: die Suche, noch immer, nach der verlorenen Identität.

Der Einwand drängt sich auf: In Wahrheit gibt es die Kontinuität vielleicht gar nicht, von der hier die Rede war. »Bonn« ist nicht »Weimar«; im Gegensatz zu ihrer unglücklichen Vorgängerin hat die zweite deutsche Republik sich nicht bloß äußerlich als Erfolgsunternehmen erwiesen, sondern sie hat sich auch innerlich gefestigt. Ebenso sind im Unterschied zu früheren Bewegungen die heutigen Kritiker des Bestehenden in ihrer Mehrheit entschiedene Demokraten, die nicht weniger, sondern mehr Freiheit wagen wollen.

Für den Einwand lassen sich Belege beibringen, zum Beispiel mit der wohl bedeutendsten neueren Untersuchung zur politischen Kultur in der Bundesrepublik, die Martin und Sylvia Greiffenhagen in ihrem Buch »Ein schwieriges Vaterland – Zur politischen Kultur Deutschlands« vorgelegt haben.[29] Diese Untersuchung ist wertvoll, weil sie nicht bloß spekuliert und mehr oder minder geistvoll subjektive Eindrücke formuliert. Vielmehr wird umfassend das empirische Material der Meinungsforschung verarbeitet und im historischen Längsschnitt, also seit den fünfziger Jahren ausgewertet.

Alles in allem ergibt sich dabei ein günstiges Bild. Die antidemokratischen Einstellungen treten zurück, die demokratischen verstärken sich. So verliert die Neigung zum Ein-Parteien-System mit dem »starken Mann« an der Spitze zugunsten des Mehr-Parteien-Systems ständig an Boden. Auch die Bereitschaft zum aktiven Engagement, zur Partizipation, wächst. Daß es an Kenntnissen oft mangelt, daß viele Leute die Funktion des Bundesrates nicht richtig beschreiben und mit der Bundesversammlung nichts anfangen können, bedeutet demgegenüber kaum einen Einwand. Einstellungen sind wichtiger als Kenntnisse. Übrigens zeigen Vergleichsuntersuchungen, daß es mit den Kenntnissen in älteren Demokratien nicht besser, manchmal sogar schlechter bestellt ist als in der Bundesrepublik Deutschland.

Zwei Umstände lassen die Befunde zusätzlich in günstigem Licht erscheinen. Einmal schneiden bei den Erhebungen jüngere Jahrgänge durchweg noch besser ab als die älteren. Zum anderen verstärken sich die demokratischen Einstellungen mit dem Bildungsniveau. Beide Befunde lassen erwarten, daß die positive Entwicklung sich fortsetzen wird. Zusammenfassend sagen deshalb die Autoren: »Gelingt es, die ideologische Verhärtung zwischen den Parteien aufzulösen, die Furcht vor der linken Gefahr zu bannen und jenes Maß an Gelassenheit zu finden, das allein demokratisches Leben garantiert, dann wird die Bundesrepublik Deutschland eine politische Kultur ausbilden, die sich in kurzer Zeit nicht mehr von denen der alten Demokratien Europas und Nordamerikas unterscheiden wird.«[30]

Gewiß sollte man über die einschränkenden Bedingungen nicht hinweghören. »Ideologische Verhärtung zwischen den Parteien« und »Furcht vor der linken Gefahr«: Damit dürfte, unter anderem, die Tatsache gemeint sein, daß die Bundesrepublik in ihren Anfängen und von da an für lange Zeit und in hohem Maße ihren inneren Zusammenhalt durch eine scharfe Abgrenzung nach außen, durch ein Feindbild erkauft hat, in dem »der Osten«, »die Sowjets« und damit Kommunisten, Marxisten, ja Sozialisten vieler Schattierungen eine zentrale Rolle spielten. Entsprechend ließe sich der Mangel an Gelassenheit verstehen; es liegt nahe, an das Stichwort »Radikalenerlaß« zu erinnern und an die damit im Pro wie im Contra verbundene Aufgeregtheit, die sich von westlichen Nachbarländern her eher seltsam ausnimmt angesichts der doch nur geringen Zahl von wirklich Radikalen hierzulande. Aber vielleicht handelt es sich bei diesen und ähnlichen Problemen um Narben der Vergangenheit, die noch immer und immer wieder sich aufscheuern – oder manchmal geradezu jenen »Phantomschmerzen« gleichen, die Amputierte in ihren längst abgetrennten Gliedern plagen.

Eine andere Frage dürfte indessen bedeutsam sein und sich als brisant erweisen: Wie erklärt es sich eigentlich, daß ausgerechnet diejenigen, die in Erhebungen von »Demokratiewerten« am besten abschneiden – die jüngeren Jahrgänge und unter ihnen wieder die besser Ausgebildeten – zugleich den Kern jener Gruppen und Bewegungen stellen, die dem bestehenden »System« der Parteien, des Parlamentarismus oder kurzweg »des Staates« gleichgültig, ablehnend, ja teilweise strikt feindlich gegenüberstehen?

Wohlgemerkt: Es ist hier nicht von notorischen Krawallmachern, von Lüstlingen der Brutalität die Rede, die von der Aussicht auf Gewalt angezogen werden wie die Schmeißfliegen vom Aas. Solche Leute gibt es immer und überall, mit ihnen muß jede Gesellschaft fertig werden, und für sich allein genommen dürften sie kaum eine Herausforderung darstellen, die politische Dimensionen erreicht. Nein: Was heute die Bewegungen der Bürgerinitiativen, der »Grünen« oder »Bunten«, der Umweltschützer, Kernkraftgegner und Friedensfreunde trägt oder ihnen zum mindesten zuneigt, das sind doch, in der Mehrheit, sehr idealistisch gesonnene junge Menschen. Sie handeln in dem Bewußtsein, die besseren oder überhaupt allererst die eigentlichen Demokraten zu sein. Zwischen ihnen und dem etablierten »System« aber hat sich ein Abgrund der Entfremdung aufgetan; dieses System erscheint als »bloß formal« demokratisch, in Wahrheit jedoch als technokratisch und bürokratisch verkrustet, letzten Endes als autoritär und von Hintergrundsinteressen gesteuert, die zu den wirklichen Interessen der großen Mehrheit in striktem Widerspruch stehen. Nochmals also: Wie läßt sich dies vor dem Hintergrund der Erhebungen über die Entwicklung unserer politischen Kultur erklären?

Als These formuliert: Die Erhebungen, die antidemokratische und demokratische Einstellungen messen wollen, verdecken in der Regel, daß es *verschiedenartige Demokratievorstellungen* geben kann, die sich nur schwer oder gar nicht vereinbaren lassen. Diese Vorstellungen zielen zugleich auf *Alternativen politischer Kultur*.

Weil es im Kern um alternative Ideale und Wertvorstellungen geht, dürfte übrigens die Erwartung sich als Illusion erweisen, daß die Kluft der Entfremdung sich wieder schließen wird, wenn nur materiell das »System« sich als genügend attraktiv darstellt, wenn also im Gefolge eines wieder in Gang gebrachten Wirtschaftswachstums die Arbeitslosigkeit zurückgeht und die Berufsaussichten für Jugendliche sich verbessern, weil künftig die Jahrgänge, die ins Berufsleben eintreten, drastisch schrumpfen werden. Es sei daran erinnert, das schon der Studentenbewegung gegen Ende der sechziger Jahre so nicht beizukommen war; diese Bewegung erreichte ihren Höhepunkt zu einer Zeit, da die akademischen Karriereaussichten so günstig sich ausnahmen wie kaum jemals zuvor.

Konkurrierende, alternative Demokratievorstellungen: Teils – im bestehenden System der Parteien und des Parlamentarismus und in den Verfassungskonzeptionen des Grundgesetzes – geht es um die repräsentative Demokratie, teils – in den Alternativbewegungen – um die identitäre Demokratie. Deren Ideale stoßen mit den vorhandenen Institutionen unvermeidbar zusammen und denunzieren sie als schlechte Wirklichkeit. Vor Jahren schon hat Ernst Fraenkel dies so ausgedrückt: »Das Unbehagen an unserer Demokratie dürfte nicht zuletzt darauf zurückzuführen sein, daß Verfassungsrecht und Verfassungswirklichkeit auf der einen Seite und die demokratische Vulgärideologie auf der anderen Seite aus verschiedenen Quellen gespeist sind. Wir haben uns unsere Verfassungsordnung und weitgehend auch unsere Verfassungssoziologie von den Engländern und unsere Verfassungsideologie von den Franzosen ausgeborgt.«[31] Mit einiger Verkürzung könnte man für »Franzosen« auch setzen: Rousseau oder jakobinischer Rousseauismus, für »Engländer«: Edmund Burke.

Burke war es, der in seiner berühmten »Rede an die Wähler

von Bristol« – 1774 – das Repräsentationsprinzip klassisch formulierte. Ebenso hat er das Parteiwesen gerechtfertigt. Rousseau aber hat all dies schon vorab als falsches Bewußtsein angeprangert. Im »Contrat Social« – 1762 – heißt es: »Der Wille ist unvertretbar; er ist er selbst oder ein anderer. Ein Mittleres gibt es nicht. Die Abgeordneten des Volkes sind weder seine Stellvertreter noch können sie es sein. Sie sind nur seine Beauftragten; sie können nichts endgültig beschließen. Jedes Gesetz, das das Volk nicht in Person ratifiziert, ist nichtig; es ist kein Gesetz. Das englische Volk glaubt frei zu sein; es täuscht sich gar sehr. Es ist nur während der Wahl der Parlamentsmitglieder frei; sobald sie gewählt sind, ist es Sklave, ist es nichts.«[32]

Rousseau verwirft jede Form von repräsentativer Demokratie, auch von Gewaltenteilung. Und wenn es aus praktischen Gründen schon Abgeordnete geben muß, dann sind sie an Aufträge und Weisungen strikt gebunden und weder ihrem »Gewissen« noch einer Partei- und Fraktionsdisziplin, sondern dem Willen des Volkes unterworfen, das sie jederzeit zurückrufen und ihre Entscheidungen korrigieren kann. Insofern ist Rousseau einer der Väter der Lehre vom imperativen Mandat und aller Versuche, das parlamentarische System durch das der Räte zu ersetzen, ebenso natürlich ein Anwalt der plebiszitären Demokratie.

Es bedarf kaum langer Ausführungen, um die Wirksamkeit rousseauistischer Vorstellungen in den heutigen Alternativbewegungen nachzuweisen. Man denke nur an das Stichwort »Basisdemokratie« und das damit verbundene Bemühen, das Aufkommen einer Kaste von Berufspolitikern und Funktionären in den Führungskadern zu verhindern. Wenn es bei den Kongressen der »Grünen« oft bunt, um nicht zu sagen chaotisch zugeht, dann ist der Spott darüber zwar wohlfeil. Aber man sollte nicht übersehen, daß dahinter das geradezu heroisch-idealistische Bemühen steckt, jene Verkrustungen und Entfremdungen zu vermeiden, die als das Kainsmal der etablierten Parteien erscheinen.

Entsprechend steht es mit dem Vorsatz, Abgeordnete regelmäßig in kurzen Fristen auszutauschen. Zentral ist im übrigen – auch wenn die Begriffe so nicht auftauchen, überhaupt die meisten Beteiligten von Rousseau offenbar wenig wissen – die Lehre von der volonté générale, das heißt vom wahren Volkswillen, der polemisch gegen die schlechte Wirklichkeit bisheriger Mehrheiten, das heißt gegen die in Sonderinteressen aufgesplitterte volonté de tous ausgespielt wird.

Eine Frage ist, ob nicht sogar darin etwas wie deutsche Kontinuität steckt. Es wirkt seltsam oder aufschlußreich, daß Ernst Fraenkel seine Bemerkungen über die alternativen Demokratievorstellungen, die einander in die Quere geraten, bereits im Jahre 1963 formulierte, also zu einer Zeit, als es weder die Studentenbewegung noch die »Neue Linke« gab, geschweige denn die Alternativbewegungen, mit denen wir es heute zu tun haben. Damals schien eigentlich das »englische« Verfassungsverständnis völlig konkurrenzlos zu sein. Woher nahm aber dann Fraenkel seine Einsicht? Offenbar wesentlich aus dem Rückblick, aus den Erfahrungen mit der Weimarer Republik.

In der ersten deutschen Demokratie wurden ja Parlamentarismus und Parteiensystem weithin abgelehnt und verketzert, teils gewiß in schlicht reaktionärer Rückwärtsgewandtheit[33], teils aber auch – und zumal in der damals jungen Generation – in der idealistischen Suche nach der wahren Gemeinschaft aller. Um es mit den Worten von Melita Maschmann anschaulich zu machen, die erklären will, wie sie als junger Mensch in den Nationalsozialismus hineingeriet:

»Für mich war es ausschlaggebend: ich wollte einen anderen Weg gehen als den konservativen, den mir die Elterntradition vorschrieb. Im Munde meiner Eltern hatte das Wort ›sozial‹ oder ›sozialistisch‹ einen verächtlichen Klang. Sie sprachen es aus, wenn sie sich darüber entrüsteten, daß die bucklige Hausschneiderin so anmaßend war, sich politisch betätigen zu wollen … Keine Parole hat mich je so fasziniert wie die von der Volksgemeinschaft. Ich habe sie zum ersten Male aus dem Munde der verkrüppelten und verhärmten Schneiderin gehört, und am Abend des 30. Januar bekam sie einen magischen Glanz. Die Art dieser ersten Begegnung bestimmte ihren Inhalt. Ich empfand, daß sie nur im Kampf gegen die Standesvorurteile der Schicht verwirklicht werden konnte, aus der ich kam, und daß sie vor allem den Schwachen Schutz und Recht gewähren mußte. Was mich an dieses phantastische Wunschbild band, war die Hoffnung, es könnte ein Zustand herbeigeführt werden, in dem die Menschen aller Schichten miteinander leben würden wie Geschwister.«[34]

Will man den Sachverhalt auf der Ebene politischer Theorie dargestellt sehen, so muß man bei Carl Schmitt nachfragen. Er hat zur Zeit der Weimarer Republik Liberalismus und Parlamentarismus mit Brillanz und Schärfe kritisiert. Er sagt etwa: »Volk ist ein Begriff des öffentlichen Rechts. Volk existiert nur in der Sphäre der Publizität. Die einstimmige Meinung von 100 Millionen Privatleuten ist weder Wille des Volkes, noch öffentliche Meinung. Der Wille des Volkes kann durch Zuruf, durch acclamatio, durch selbstverständliches unwidersprochenes Dasein ebensogut oder noch besser demokratisch geäußert werden als durch den statistischen Apparat, den man seit einem halben Jahrhundert mit einer so minuziösen Sorgfalt ausgebildet hat. Je stärker die Kraft des demokratischen Gefühls, um so sicherer die Erkenntnis, daß Demokratie etwas anderes ist als ein Registriersystem geheimer Abstimmungen. Vor einer, nicht nur im technischen, sondern auch im vitalen Sinne unmittelbaren Demokratie erscheint das aus liberalen Gedankengängen entstandene Parlament als eine künstliche Maschinerie, während diktatorische und cäsaristische Methoden nicht nur von der acclamatio des Volkes getragen, sondern auch unmittelbare Äußerungen demokratischer Kraft und Substanz sein können.«[35]

Es liegt nahe, Schmitt einen Rechts-Rousseauisten zu nennen. Der Rechts-Rousseauismus mag sich vom Links-Rousseauis-

mus nach Vorzeichen und Zielvorstellungen polar unterscheiden, kaum aber hinsichtlich seiner polemischen Fronten, also
hinsichtlich der Kritik am liberalen, parlamentarisch-repräsentativen Demokratieverständnis und Verfassungssystem. Deshalb dürfte es kaum ein Zufall sein, daß seit einigen Jahren intel-
lektuell anspruchsvolle, akademische Zirkel der »Neuen Linken« Carl Schmitt als einen interessanten Autor für sich entdeckt
haben – natürlich im Ritual gleichzeitiger Distanzierung.

Dies alles soll hier nicht ins Treffen geführt werden, um auf
krummen Wegen, unter Anspielung auf den Zusammenbruch
der Weimarer Republik und die Folgen Alternativbewegungen
unserer Tage zu verleumden. Ohnehin ist daran zu erinnern, daß
seinerzeit die junge Generation nicht das Böse wollte, nicht den
Krieg und schon gar nicht die »Endlösung«, sondern daß sie den
idealistischen Traum von der wahren, umfassenden, brüderli-
chen Gemeinschaft träumte. Daß ein Traum sich in den sehr rea-
len Alptraum verwandeln kann, ist freilich die bittere Erfahrung
unserer Geschichte.

Aber zunächst einmal geht es darum, die These zu belegen und
anschaulich zu machen, daß wir es in der Hülle demokratischer
Einstellungen und Verhaltensweisen im Grunde mit zwei politischen Kulturen zu tun haben – und dies nicht erst seit heute oder
gestern, sondern eigentlich schon so lange, wie das Thema »Demokratie« in Deutschland überhaupt aktuell ist. In den ersten
zwanzig Jahren der Bundesrepublik schien die rousseauistische
Variante politischer Kultur infolge von Umständen, die sich aus
den Zeitverhältnissen unschwer erklären lassen, tot und begraben zu sein. Aber sie war nur scheintot; ihre Renaissance hat
begonnen. Und die zwei Kulturen stoßen heftig und um so bitte-
rer zusammen, weil sie beide mit den gleichen Grundbegriffen
operieren. Sie konkurrieren miteinander in dem Anspruch, die
bestmögliche Ordnung der Freiheit, der Selbstbestimmung, der
Würde des Menschen zu verwirklichen – und nicht zuletzt: Frieden zu schaffen.

Was folgt aus der Diagnose, sofern sie nur halbwegs zutrifft? Zweierlei dürfte vordringlich sein:

Einerseits kommt es darauf an, den Sachverhalt zu verstehen. Denn nur im Verstehen läßt sich ein blinder Zusammenstoß in die halbwegs aufgeklärte Auseinandersetzung verwandeln. Aufklärung über geschichtliche Zusammenhänge, über Voraussetzungen und Folgen der jeweiligen Einstellungen kann diese in gewissem Sinne relativieren. Man gewinnt Distanz zu sich selbst. Vielleicht läßt sich auf diese Weise ein Dialog zwischen den verfeindeten Heerlagern neu eröffnen.

Andererseits schließt Verstehen Entschiedenheit und Parteinahme keineswegs aus, wenn Gefahr im Verzuge ist. Gefahr aber droht dem inneren Frieden wie der Freiheit. Darum geht es im folgenden um eine Parteinahme für die repräsentative und gegen die identitäre Demokratie.

Um auch hier den lauernden Mißverständnissen nach Möglichkeit vorzubeugen, sei vorab betont: Das Eintreten für die repäsentative Demokratie läßt sich durchaus mit dem Bemühen um Mitsprache und Mitbestimmung, um mehr Demokratie verbinden. Erst recht ist es notwendig, die immer möglichen Fehlentwicklungen der Verfassungswirklichkeit zu bekämpfen. Um nur ein Beispiel anzuführen: Vor einigen Jahren sind in allen Bundesländern in einer seltsam lautlosen großen Koalition aller Parteien umfassende Kommunal- und Gebietsreformen durchgeführt worden. Ein im Grunde rein technokratisches und bürokratisches Effizienzdenken hat um der wirksameren Administrierbarkeit willen Tausende von Organen der bürgernahen Selbstverwaltung und Zehntausende von Gemeinderäten dahingerafft. Ob tatsächlich mehr Effizienz erreicht wurde, ist fraglich. Im Gegenzug zu dieser problematischen Reform haben sich – eigentlich nur konsequent – wie ein Buschfeuer überall die lokalen Bürgerinitiativen ausgebreitet. Überwiegend arbeiten sie als Vetogruppen, die nach Kräften Sand in das ihnen fremd und unverständlich gewordene Verwaltungsgetriebe streuen. Gewiß: Zentralisierungsbewegungen, die Entscheidungen auf höhere Ebenen verlagern, mögen in mancher Hinsicht unabwendbar sein; man kann zum Beispiel den sauren Regen nicht mehr auf lokaler oder regionaler, ja nicht einmal auf nationaler Ebene wirksam bekämpfen. Um so wichtiger wäre es jedoch, die Tendenz zur Zentralisierung durch Gegenbewegungen der Dezentralisierung auszugleichen. Und mit einigem Aufwand an Phantasie – zu dem freilich auch Mut aus dem Erbe des Freiherrn vom Stein gehört – sollte das sogar möglich sein.

Doch nun zur Parteinahme! Die moderne Gesellschaft stellt sich als unendlich komplex dar. Das gilt für ihre ökonomischen Bedingungen und sozialen Strukturen ebenso wie für geistige Positionen. Es ist schwer vorzustellen, wie eine solche Gesellschaft politisch angemessen gesteuert werden soll – es sei denn im Rahmen eines repräsentativen Systems, das die Chancen der Vielfalt mit der Arbeitsteilung, das heißt mit der Ansammlung und Anwendung komplexen Wissens auch auf der Ebene der politischen Entscheidungsträger verbindet. Die einzig realistische Alternative wäre wohl ein autoritär-bürokratisches Herrschaftssystem, das *im Namen* der »Basis« alle Entscheidungsbefugnisse monopolisiert. Aber wie wenig ein solches System den Bedingungen einer hochentwickelten Industriegesellschaft gerecht wird, zeigt sich alltäglich im »real existierenden Sozialismus«.

Anders ausgedrückt: In jeder offenen Ordnung gibt es eine unabsehbare Vielzahl von unterschiedlichen, oft sogar – und völlig legitim – gegensätzlichen Anschauungen und Interessen. Wie soll man damit zu Rande kommen, wenn nicht im organisierten Konflikt und Kompromiß, in Auseinandersetzungen also, die friedlich nur auf der Grundlage von formalisierten Mehrheitsentscheidungen ausgetragen werden können?

»Basisdemokratisch« kann man nur entscheiden und handeln, wenn man es mit dem schlichten Entweder-Oder, mit nichtkomplexen Problemen, mit einfachen und eindeutigen Zielsetzungen zu tun hat, über die alle Beteiligten sich ohne Schwierigkeiten Klarheit verschaffen können. Das gibt es; man denke etwa an die gewerkschaftliche Urabstimmung über den Streik für bessere Lohnbedingungen. Aber es handelt sich eher um die Ausnahme als um die Regel.

Bei allen komplexen Problemen entsteht dagegen unter »basisdemokratischen« Voraussetzungen ein unendlicher Diskussionsbedarf, der entweder paralysiert oder der Manipulation Tor und Tür öffnet. Man könnte auch von der Paradoxie eines unendlichen Zeitbedarfs in real endlicher Zeit sprechen. Da die Mehrheit der Bürger die Zeit für permanente Vollversammlungen nicht aufbringen kann, fällt praktisch die Diskussions- und Entscheidungsmacht denen zu, die – aus welchen Gründen immer – Zeit haben oder auf Kosten anderer Verpflichtungen sie sich nehmen. So verkehrt sich unversehens, aber folgerichtig der basisdemokratische Ansatz in eine Elitepraxis.

Die im Ernst identitäre Demokratie mag daher theoretisch vorstellbar sein. Durchführbar wird sie indessen nur in sehr einfachen, nichtkomplexen Verhältnissen. Vor allem muß, als Bedingung des Einfachen, eine Einheit der volonté générale, eine substantielle Homogenität, die Interessenidentität aller Beteiligten vorausgesetzt werden. Der »Schwärmer« Rousseau urteilte in dieser Hinsicht weitaus nüchterner als seine berufenen oder unberufenen Nachfahren: Nur in einer Gesellschaft im wesentlichen gleichgestellter Kleinbürger und unabhängiger Kleinproduzenten und überdies in kleinräumig überschaubaren Gemeinwesen sah er die Bedingungen seines Ideals gegeben, und schon in seiner Zeit wagte er dabei nur noch an ein relativ rückständiges und isoliertes Randgebiet Europas wie die Insel Korsika zu denken.

Wo in der Wirklichkeit die einfache Einheit, die substantielle Homogenität nicht mehr vorhanden ist, muß sie zur Fiktion werden: Es gibt die wahren, elementaren und einheitlichen Interessen aller, die zwar einige Erleuchtete kennen. Aber die

Mehrheit der Bürger ist der Wahrheit entfremdet worden, manipuliert, vom falschen Bewußtsein geschlagen. Auch damit verkehrt sich hinterrücks und konsequent der antiautoritäre, basisdemokratische Ansatz ins autoritäre Elitekonzept. Was es bewirkt, wenn es im Ernst angewandt wird, sollte eigentlich zur Genüge erprobt worden sein: von den französischen Jakobinern, die das Tugend- und Natürlichkeitsideal Rousseaus mit dem Terror herbeizwingen wollten, bis zu Lenins Formation einer Kaderpartei der Berufsrevolutionäre, die in den Stalinismus mündete.

Manche meinen, daß die Sache der identitären Demokratie durch die Einführung von Volksabstimmungen gerettet werden könnte. Aber wenn man von den anderswo wohl kaum wiederholbaren Traditionen und besonderen Bedingungen der Schweiz – und ihren übrigens sehr konservativen Konsequenzen – einmal absieht, dürfte wohl eher gelten, was der Rechts-Rousseauist Carl Schmitt gesagt hat: »Es liegt in der Natur der Sache, daß Plebiszite nur augenblicksweise und intermittierend veranstaltet werden können ... Das Volk kann nur Ja und Nein sagen; es kann nicht beraten, deliberieren oder diskutieren; es kann nicht regieren und nicht verwalten; es kann auch nicht normieren, sondern nur einen ihm vorgelegten Normierungsentwurf durch sein Ja sanktionieren. Es kann vor allem auch keine Frage stellen, sondern nur auf eine ihm vorgelegte Frage mit Ja oder Nein antworten ... Infolge dieser Abhängigkeit von der Fragestellung setzen alle plebiszitären Methoden eine Regierung voraus, die nicht nur die Geschäfte besorgt, sondern auch Autorität hat, die plebiszitären Fragestellungen im richtigen Augenblick richtig vorzunehmen. Die Frage kann nur von oben gestellt werden, die Antwort nur von unten kommen. Auch hier bewährt sich die Formel des großen Verfassungskonstrukteurs Sieyès: Autorität von oben, Vertrauen von unten. «[36] – Die Sätze stammen aus dem Jahre 1932.

Einfachheit und Überschaubarkeit als Bedingung, Ja oder

Nein, Entweder-Oder: damit taucht abermals die Versuchung des Absoluten auf und erweist sich am Ende als unwiderstehlich. Denn einzig im Absoluten wird das Komplexe simpel, gibt es die Klarheit der Fronten von Freund und Feind. Und nur aus dem Absoluten, wenn es ums Heil und Unheil schlechthin geht, wächst Rechtfertigung: Man *darf* dann aufs Komplexe und »Machbare« keine Rücksicht mehr nehmen, so wenig wie aufs »bloß Formale« parlamentarischer Mehrheiten; man kann auch jene Geduld des Werbens um Mehrheiten und der Veränderung bestehender Verhältnisse in kleinen Schritten nicht mehr aufbringen, jene Geduld, die Max Weber in den bekannten Satz faßte: »Die Politik bedeutet ein starkes langsames Bohren von harten Brettern mit Leidenschaft und Augenmaß zugleich.«[37]

Nur eben: Wenn man – wie wieder Max Weber es ausdrückte – eine absolute Ethik des Rechthabens in die Politik einbringt, dann sprengt und zerstört man die Friedensbedingungen der parlamentarisch-repräsentativen Demokratie. Sie beruhen nun einmal darauf, daß »bloß formal« nach Mehrheiten und Minderheiten entschieden wird und nicht nach vorab absolut gesetzten Inhalten und »Anliegen«. Darum ist wahrscheinlich nichts in den Auseinandersetzungen unserer Tage so bezeichnend, aber auch so verhängnisvoll wie das Maß an Verachtung, das dem »bloß Formalen« gezollt wird.

Vor anderthalb Jahrhunderten schon schrieb der große Franzose Alexis de Tocqueville: »Die Menschen, die in den demokratischen Zeiten leben, sehen den Nutzen der Formen nicht leicht ein; sie begegnen ihnen mit instinktiver Geringschätzung. Die Formen erregen ihre Verachtung, oft sogar ihren Haß ... Sie stürzen sich leidenschaftlich auf jeden Gegenstand ihrer Wünsche; die geringste Verzögerung bringt sie außer sich. Diese Haltung, die sie auch auf das politische Leben übertragen, nimmt sie gegen die Formen ein, durch die sie immerfort in ihren Plänen behindert und gehemmt werden. – Genau dies aber, was die Menschen der Demokratien für den Nachteil der Formen halten, macht sie für die Freiheit so nützlich. Denn ihr Verdienst ist es, daß sie als Schranke zwischen die Regierenden und die Regierten treten, um die einen aufzuhalten und den anderen Zeit zur Besinnung zu geben. Die Formen sind um so notwendiger, je mächtiger und tätiger die Staatsgewalt wird und je gleichgültiger und schwächer die einzelnen werden. So brauchen demokratische Völker die Formen naturgemäß mehr als andere Völker – und naturgemäß achten sie sie geringer.« [38]

III
Eine Ethik für die Friedensfähigkeit

Es ist leicht, das Unmögliche zu fordern, aber schwer, das Mögliche zu erreichen. Unmöglich dürfte es sein, eine vollendet friedfertige Welt zu erbauen. Dazu müßte die bestehende erst in Stücke geschlagen werden. Und alle Anstrengungen, den alten Adam auszutreiben und einen »neuen Menschen« zu schaffen, sind bisher fatal gescheitert.

Mit Kant zu reden: »Aus so krummem Holze, als woraus der Mensch gemacht ist, kann nichts ganz Gerades gezimmert werden.«[39] Das ist nur eine andere Fassung der biblischen Wahrheit, daß in dieser Welt das End-Gültige, jener von Fichte beschworene »Stand der vollendeten Rechtfertigung und Heiligung«, aus menschlichem Vermögen nicht herbeigezwungen werden kann, ja daß gerade dies die Sünde ist, die Hybris, die ins Verderben leitet, es zu versuchen.

Es gibt überdies – und gottlob – Vielfalt. Es gibt die Unterschiede und Gegensätze der Anschauungen und Interessen. Damit entstehen unvermeidbar ständig Konflikte. Die Aufgabe ist nicht, sie zu leugnen oder zu unterdrücken; gerade damit würden sie bösartigem Wuchern preisgegeben, wie verdrängte und nicht oder zu spät behandelte Krankheiten. Die Aufgabe ist vielmehr, Verhältnisse herzustellen und Verhaltensformen zu wählen, die noch im Unvollkommenen Verbesserungen möglich machen und die es erlauben, daß die Konflikte friedlich statt gewaltsam ausgetragen werden können. Darum geht es bei der Suche nach dem Frieden zugleich auch immer um die Entwicklung einer politischen Kultur des gebändigten Konflikts.

»Selig, die Frieden stiften«: Diese Verheißung der Bergpredigt bleibt bestehen. Aber die Frage ist, wie sie in politische Praxis umgesetzt werden kann. Es kommt darauf an, eine Ethik im Dienste der Friedensfähigkeit zu entwickeln und einzuüben, einen Kanon von Verhaltenstugenden, der die Aussicht eröffnet, das Mögliche – den Frieden – tatsächlich zu erreichen.

Dabei sind Unterscheidungen wichtig. Es gibt Normen und Verhaltensformen, die sich negativ auf die Friedensfähigkeit auswirken, andere, die neutral bleiben, und wieder andere, denen die entscheidende positive Bedeutung zukommt. In diesem Sinne sollen jetzt Werte und Verhaltenstugenden geprüft werden.

Vom Negativen war in den beiden ersten Kapiteln schon die Rede. Wo immer die Versuchung zum Absoluten übermächtig wird, gerät die Freiheit ebenso wie die Friedensfähigkeit in Gefahr – auch oder gerade dann, wenn man das Absolute im Namen der Freiheit und des Friedens proklamiert.

Diese These ist keineswegs unumstritten, und sie führt offenbar in ein vertracktes Dilemma. Wenn es nämlich keine unverrückbaren Grundwerte und keine absolute Wahrheit gibt – wird dann nicht alles möglich, das Beliebige, sogar die Zerstörung von Freiheit und Frieden im Namen irgendeiner Form von »Weltanschauung«? Das Dilemma ist in unserer neueren Geschichte wie im Experiment durchgeprobt worden, und es mag deshalb aufschlußreich sein, es wenigstens in Kürze nachzuzeichnen.

»Die Weltanschauung der Demokratie ist der Relativismus.« Dieser Satz stammt nicht etwa von einem Verächter, sondern von einem Vorkämpfer und Verteidiger der Demokratie zur Zeit der Weimarer Republik, von Gustav Radbruch. Schneidender noch hat Hans Kelsen – ebenfalls ein entschiedener Demokrat – es ausgesprochen: »Die Regel, daß Zwang nur geübt werden solle, wenn und wie der Despot befiehlt, ist ebenso eine Rechtsregel wie die, daß Zwang nur geübt werden solle, wenn und wie die Volksversammlung es beschließt. Beides sind – vom Standpunkt eines positiven Rechtsbegriffes – gleichwertige Ursprungshypothesen. Hier aber liegt der entscheidende Punkt! Ethisch-politische *Vorurteile* sind es, die dem Staats- und Rechtstheoretiker diese beiden Ursprungshypothesen nicht als gleichwertig erscheinen lassen. Man geht – meist unbewußt – von einem naturrechtlichen Rechtsbegriff aus.«[40]

Die Weimarer Reichsverfassung entsprach solchen Auffassungen. Sie stand jederzeit zur Verfügung des Gesetzgebers. Folgerichtig kann man fragen, ob die nationalsozialistische Machtergreifung im Ermächtigungsgesetz vom März 1933 nicht »streng legal« zustande gekommen ist – wenn man von ein paar »Schönheitsfehlern« wie der vorzeitigen Verhaftung kommunistischer Abgeordneter absieht. Im Sinne Kelsens jedenfalls war damit »der Führer« statt der Volksversammlung zum Erzeuger und Hüter allen Rechts geworden; konsequent genug konnte dann der Staatsrechtslehrer Carl Schmitt die Mordserie des Röhm-»Putsches« vom Sommer 1934 unter dem Titel »Der Führer schützt das Recht« feiern.[41] Die Mehrheit der Deutschen hat es wohl nicht anders gesehen.

Diese bitteren Erfahrungen haben nicht nur Radbruch dazu geführt, sich nach 1945 einer Lehre vom übergesetzlichen Recht zuzuwenden. Die Väter des Bonner Grundgesetzes haben die tragenden Verfassungsprinzipien jedem Zugriff – sei es noch so großer Mehrheiten – entzogen. Der »Wesensgehalt« der Grundrechte wurde für unantastbar erklärt; die Grundrechte verwirkt, wer sie zum Kampf gegen die freiheitlich demokratische Grundordnung mißbraucht. So entstand, was man die kämpferische, streitbare und wehrhafte Demokratie nennt. Inzwischen ist überall nicht bloß von Grund*rechten*, sondern auch von Grund*werten* die Rede, die mit der freiheitlichen Verfassungsordnung untrennbar verbunden sein sollen.

Der wachsende geschichtliche Abstand mag es indessen leichter machen, sogar den Repräsentanten der Weimarer Republik Gerechtigkeit widerfahren zu lassen und selbstkritische Fragen zu stellen. Darf man denn die Entscheidungen einer bestimmten geschichtlichen Situation absolut setzen und gleichsam »auf Ewigkeit« stellen? Wird damit die Offenheit für künftige Entwicklungen nicht gefährlich eingeengt, womöglich bis zu dem Punkt, an dem nur noch die Alternative bleibt: politische Lähmung oder gewaltsamer Verfassungsbruch? Der Hauptautor der amerikanischen Unabhängigkeitserklärung, Thomas Jefferson, hat einmal gesagt: »Die Erde gehört den Lebenden, nicht den Toten. Es ist das Gesetz der Natur, daß Wille und Macht eines Menschen mit seinem Tode enden . . . Jede Generation ist wie eine besondere Nation; sie hat das Recht, durch die Macht ihres Willens sich selbst zu binden; aber so wenig sie die Bewohner eines fremden Landes in Fesseln schlagen darf, so wenig hat sie das Recht, die nachfolgende Generation zu binden.«[42]

Weiter: Darf das Bundesverfassungsgericht dem Gesetzgeber eigentlich so in den Arm fallen und aus dem Grundgesetz bis in die Einzelheiten hinein bindende inhaltliche Entscheidungen ableiten, wie es das schon vielfach getan hat? Und vor allem: Wenn jeder sich mit »Grundwerten« wie mit Keulen bewaffnet, um damit auf den parteipolitischen Gegner einzuschlagen und ihn, wenn irgend möglich, an oder sogar über den Rand der Verfassung zu drängen – entsteht dann statt des demokratischen Konflikts und Konsenses nicht das Freund-Feind-Verhältnis eines latenten Bürgerkrieges? »Jedermann als Reaktionär oder als linkssozialistischen Kollektivisten zu bezichtigen ist zwar an sich schon ein schönes Verdammungsurteil; doch zündend hört es sich erst an, wenn der Betroffene außerdem nicht mehr auf dem ›Boden des Grundgesetzes‹ steht, also nicht nur politisch, sondern zudem ›rechtskräftig‹ verurteilt ist. Die Gegenreaktion liegt auf der Hand: Weil es politisch nicht gerade förderlich ist, derart gebrandmarkt zu sein, schwört nun wieder jeder Stein und Bein auf das Grundgesetz, alle auf den selben Artikel, so daß außer großem verbalen Aufwand nicht mehr gewonnen ist als eine heillose Verdeckung des eigentlichen politischen Konflikts.«[43]

Mit anderen Worten: Es ist nicht auszuschließen, daß die mit ihren Prinzipien gepanzerte, mit dem scharfen Schwert unverrückbarer Grundwerte bewaffnete Demokratie in ein ähnlich ausweglose Dilemma gerät wie ihre wehrlose, schmählich gemordete ältere Schwester, welche die jüngere noch immer in Alpträumen heimsucht. Kann man die Freiheit nicht auch zu Tode schützen, nachdem man sie einst selbstmörderisch preisgegeben hat?

Ein Ausweg aus dem Dilemma läßt sich nur finden, wenn das, was in der Demokratie wehrhaft absolut gesetzt wird, die Offenheit selbst ist – die Offenheit auch für verschiedenartige und umstrittene Zukunftsentwürfe. Diese wehrhafte Absolutsetzung der Offenheit ist unter der Bedingung möglich, daß die *Menschenwürde* so zum Fundament gemacht wird, wie dies das Grundgesetz folgerichtig getan hat, indem es in Artikel 1 den Maßstab für alles weitere setzte: »Die Würde des Menschen ist unantastbar. Sie zu achten und zu schützen ist die Verpflichtung aller staatlichen Gewalt.«

Offenheit meint Verantwortung. Weil von keiner weltlichen Macht vorbestimmt ist, was geschehen soll, hängt die Zukunft von den Menschen selbst ab – von jedem von uns. Darum ist Verantwortung nur die andere Seite der Menschenwürde.

Übrigens ist es kein Zufall – darauf hat Adolf Arndt mit Recht hingewiesen –, daß der Begriff der Menschenwürde, der *dignitas humana*, bereits im 17. Jahrhundert bei Samuel Pufendorf zum Angelpunkt der Staatskonstruktion wird. Der Begriff »beginnt seine geschichtliche Wirksamkeit in der Stunde, in der das Seelenheil aufhört, die gemeinsame Staatsformel zu sein, weil man sich über den Weg zum Seelenheil entzweite ... Über die Gleichberechtigung des Bürgers im Staate und über die Erträglichkeit des politischen Miteinanders entscheidet nicht mehr die Übereinstimmung in der Wahrheit, sondern das wechselseitige Anerkennen des Menschseins als eines unbedingten personellen Wertes.«[44]

Was als Würde des Menschen nicht angetastet werden darf und in den weiteren Grundrechten, aber durchaus auch in Verfahrensregelungen der Verfassung und des Rechtsstaates sich entfaltet, was in der Geschichte der Neuzeit seit Pufendorf, Roger Williams und John Locke geistig entworfen, was dann politisch erkämpft und schließlich im Sozialstaat materiell untermauert wurde, das ist – im genauen und strikten Gegensatz zu jeder vorgegebenen und verordneten »Natur« oder inhaltlichen Zielbestimmung menschlichen Daseins und gesellschaftlicher Verhältnisse – eben die Offenheit. Es sind die Fähigkeit, das Recht und die Verantwortung jedes Menschen, selbst über seine grundlegenden Werte und Wahrheiten zu befinden und zu entscheiden, wie und wohin er sein Leben im Letzten führen will.

Demokratie als humane Friedensordnung wird dann *möglich*, sie ist dann – und nur dann – *notwendig*, wenn anerkannt wird, daß es keine inhaltlich bestimmten Sinnkonstruktionen oder Überlieferungen mehr gibt, auf die alle verpflichtet und über die alle einig sind, daß man sich vielmehr in einer Vielfalt der Wert- und Wahrheitsvorstellungen miteinander einzurichten hat, ohne sich zu verfemen, zu verfolgen und zu vernichten. Die Offenheit in der Frage grundlegender Werte wird in der kämpferischen Demokratie absolut gesetzt, weil sie die einzige Alternative bildet zum Absturz ins radikale Freund-Feind-Verhältnis, in den weltanschaulich geprägten Bürgerkrieg, in die revolutionäre oder konterrevolutionäre Allianz von Tugend und Terror.

Eine Demokratie, die ihre Friedensfunktion erfüllt, ist also in der Tat insofern relativistisch und muß es bleiben, als sie nicht aus »der Wahrheit« lebt, aus keiner Art von letzter Wahrheit, sondern aus der Suche nach der Wahrheit und der Möglichkeit des Dialogs über sie. Der Sachverhalt wird vor allem vom Gegenpol, von der Negation her einsichtig: Wo der »Führer« die

»Vorsehung« kommandiert oder eine Monopolpartei die Wahrheit der Geschichte verwaltet, da gibt es Demokratie allenfalls als Farce, als die geschminkte Gewalt; es gibt sie jedenfalls nicht als Freiheit zum legitimen Abweichen und Anderssein. Und gesetzt sogar, irgendeine Elite hätte wirklich die Wahrheit in den Händen, so wäre dennoch ihr Anspruch, daraus zugleich ein Recht auf herrschaftliche Durchsetzung abzuleiten, strikt zurückzuweisen. Denn damit verkäme die Wahrheit schon zur Propaganda und Indoktrination, der Dialog zur Unterwerfung, die die Unterworfenen noch beifallspflichtig macht. Und die Würde der eigenen Verantwortung und Entscheidung des Bürgers verkäme zu seiner Entmündigung. »Ein Staat, der sagt, was gut und schön, richtig und wahr ist, ein Staat, der vorgibt, ein Hort menschlicher Wärme zu sein, kann nur repressiv für seine Bürger, lähmend für eine lebendige Entwicklung, lächerlich und hassenswert für die Außenstehenden sein.«[45] Genau an diesem Punkt und einzig hier beginnt die rechtmäßige, unverzichtbare Wehrhaftigkeit des demokratischen Prinzips und der darauf gegründeten Verfassung. Um es in sarkastischer Zuspitzung zu sagen: *Grundwerte sind verfassungswidrig* – sofern sie, vom Staat verbindlich gemacht, inhaltliche Festlegungen meinen, die die Würde des Menschen als Mündigkeit, Entscheidungsfähigkeit und Offenheit für die Zukunft verletzen.

Im einzelnen darf und muß man gewiß darüber streiten, was getan werden muß, um die Würde des Menschen zu wahren und die Mündigkeit, die Eigenverantwortung des Bürgers zu stärken. Es geht auch um materielle Bedingungen, vom Mindestmaß sozialer Sicherheit bis zum Optimum an Chancengleichheit für Bildung und Beruf. Aber nur die praktische Erfahrung kann sagen, was nützlich und was schädlich ist. Das notorische, um nicht zu sagen neurotische deutsche Bemühen jedenfalls, alles zum angeblichen »Verfassungsauftrag« zu stilisieren, sollte tief verdächtig sein. Es gibt – um nur drei Beispiele zu nennen – einen Verfassungsauftrag weder zum traditionell gegliederten Schulsystem noch einen zur Gesamtschule. Es gibt ebenso keinen Verfassungsauftrag für eine bestimmte Wirtschaftsordnung, es sei denn in der Negation: Wer etwa den Bürgern vorschreiben wollte, was ihre »wahren« Bedürfnisse seien und was sie demgemäß zu konsumieren hätten und was nicht, der betreibt das Geschäft der Entmündigung. Und man kann nur hoffen, daß niemand auf den Gedanken kommt, die Friedenssicherung sei es durch Abschreckung, sei es durch Abrüstung zum »Grundwert« und zum Verfassungsauftrag zu erklären. Insgesamt gilt: »Je mehr die politischen Kräfte dazu neigen, nur solche Interessen für achtbar zu halten, die sich direkt auf einen Verfassungsauftrag berufen können, um so stärker leisten sie dem fatalen Vorurteil Vorschub, wonach politische Interessen für sich genommen nicht nur nicht besonders anerkennenswert sind, sondern geradezu verwerflich. Diese Denunziation des Politischen muß ein parlamentarisches System aufs empfindlichste treffen, abgesehen von dem hohen Maß an Realitätsverlust, das sie bei seinen Bürgern auslösen kann.«[46]

Die Konsequenz ist eben: der Versuch, sich wechselseitig an oder über den Rand der Verfassung zu drängen, das Freund-Feind-Verhältnis als Inbegriff des Politischen – und Starrheit als politische Tugend. Erstarrung aber, die negative Spirale von Unterdrückung und Aggression, bedroht am Ende die politische Ordnung mit Reformunfähigkeit – und mit dem Ausbruch in die Gewalt, dem nur noch mit der Gewalt begegnet werden kann. Auch dies ist ja eine der Lehren, die aus der neueren deutschen Geschichte zu ziehen sind.

In den siebziger Jahren tobte ein heftiger Kampf für und wider das Leistungsprinzip. Die einen sprachen vom »Leistungsterror« und forderten Leistungsverweigerung; zu einem »Tunix«-Kongreß in Berlin strömten tausende junger Leute zusammen. Im Gegenzug gab es – sogar regierungsamtlich – »Bekenntnisse« zum Leistungsprinzip; eine Partei warb mit dem Motto »Leistung wählen!«. Wenig später wurde die »geistige Wende« ausgerufen und ein neuer »Mut zur Erziehung« proklamiert. Tugenden wie Leistungsbereitschaft, Ordnungssinn, Sparsamkeit, Pflichterfüllung sollten wieder gewürdigt und durchgesetzt werden.

Noch etwas später kam es zur Neuentdeckung des preußischen Tugendprofils. Sebastian Haffner hat es so beschrieben: »Pflichterfüllung wurde in Preußen das erste und oberste Gebot und zugleich die ganze Rechtfertigungslehre. Wer seine Pflicht tat, sündigte nicht, mochte er tun, was wollte. Ein zweites Gebot war, gegen sich selbst gefälligst nicht wehleidig zu sein; und ein drittes, schon schwächeres, sich gegen seine Mitmenschen – vielleicht nicht geradezu gut, das wäre übertrieben, aber: anständig zu verhalten. Die Pflicht gegen den Staat kam zuerst. Mit diesem Religionsersatz ließ sich leben, und sogar ordentlich und anständig leben – solange der Staat, dem man diente, ordentlich und anständig blieb. Die Grenzen und Gefahren der preußischen Pflichtreligion haben sich erst unter Hitler gezeigt.« [47]

Aber da war es natürlich zu spät. Da hätte, wenn er gelungen wäre, allenfalls noch der verzweifelte Trick der Preußen des 20. Juli 1944 helfen können: den »Führer« zu töten und damit den Adressaten des Diensteides auszuwechseln, um so die gehorsame Pflichterfüllung der Feldmarschälle, Offiziere, Soldaten und Beamten, eines ganzen Volkes in eine andere, wieder »anständige« Richtung zu dirigieren.

Darauf, nur Befehlen zu folgen, also ihre Pflicht zu tun, keines Verbrechens schuldig zu werden und das Gewissen nicht zu belasten: Darauf konnten sich auch die Schergen und Helfershelfer des Dritten Reiches berufen, die die Mordmaschine in den Vernichtungslagern des SS-Staates bedienten oder belieferten. Darauf haben sie sich berufen.

Aber auch im Widerstand ging es um Pflichterfüllung. Kaum zufällig leuchteten am 20. Juli 1944 im Untergang noch einmal so viele Namen aus der preußischen Geschichte auf. In den Worten eines Mannes im Zentrum des Widerstandes, Henning von Tres-ckows: »Wenn einst Gott Abraham verheißen hat, er werde So-dom nicht verderben, wenn auch nur zehn Gerechte darin seien, so hoffe ich, daß Gott auch Deutschland um unseretwillen nicht verderben wird. Wer in unseren Kreis eingetreten ist, hat damit das Nessushemd angezogen. Der sittliche Wert eines Menschen beginnt erst dort, wo er bereit ist, für seine Überzeugung sein Leben hinzugeben.«[48]

Die Tatsache, daß man sich noch im äußersten Gegensatz glei-chermaßen auf die Pflichterfüllung berufen konnte, macht sicht-bar, was eigentlich ohnehin auf der Hand liegen sollte: Wir ha-ben es hier mit abgeleiteten, mit *sekundären* Tugenden zu tun. Das heißt, es kommt alles darauf an, wofür oder wogegen, zu welchem höheren sittlichen oder zu welchem unsittlichen Zweck sie gebraucht oder mißbraucht werden. Pflichterfüllung sagt eben noch nichts darüber, wem sie dient; Ordnungssinn und Sparsamkeit können für ganz verschiedenartige Ziele eingesetzt werden; Leistung kann fremdbestimmt den Menschen defor-mieren oder als Selbstbestimmung für die Erfüllung, Verwirkli-chung eines Lebenssinnes aktiviert werden. Und so fort.

Im Grunde handelt es sich auch gar nicht um »typisch« preu-ßische oder deutsche Tugenden, sondern um die klassisch bür-gerlichen, wie sie Max Weber in ihren religiösen Ursprüngen aus Calvinismus oder Puritanismus für westliche Länder beschrie-ben hat. In Deutschland hat die Schwäche des Bürgertums nach dem Dreißigjährigen Krieg nur dazu geführt, daß sie sozusagen verbeamtet und verstaatlicht wurden, wobei in Preußen die kon-fessionelle Konstellation – eines calvinistischen Herrscherhauses über lutherischen Untertanen – noch eine besondere Rolle spielte.

Allerdings müßte man in unserer neueren Geschichte wohl von einer Hypertrophie und damit von einer Tragödie der se-kundären Tugenden sprechen. Weil es über ihnen nichts Höhe-res gab, keine tragfähigen politischen Prinzipien bürgerlicher

Freiheit zum Beispiel, wucherten Tugenden wie Leistungsbereitschaft und Pflichterfüllung gleichsam zum erstarrten Selbstzweck aus. Eben damit erwiesen sie sich schließlich als blind und hilflos gegenüber ihrem Mißbrauch.[49]

Die Folgerungen für die Friedensfrage dürften klar sein. Alle diese sekundären Tugenden, über die so leidenschaftlich gestritten wurde und zum Teil noch gestritten wird, erweisen sich als ethisch neutral. So unerläßlich sie im Dienste anderer, höherer Ziele tatsächlich sein mögen, so wenig läßt sich über diese Ziele aus ihnen herauslesen. Erst recht läßt sich nichts darüber erkennen, auf welchen Wegen man den Frieden erreichen und sichern kann. Der Soldat kann wie der Wehrdienstverweigerer seine Pflicht tun, und Leistungen müssen für die Abschreckung wie für die Abrüstung erbracht werden.

Im folgenden wird ein Katalog von Verhaltenstugenden entworfen, die positiv der Friedensfähigkeit dienen. Der Katalog erhebt keinen Anspruch auf Vollständigkeit, wohl aber darauf, daß ohne die geschilderten Tugenden jeder Traum vom Frieden rasch in die reale Unfähigkeit zum Frieden umschlagen muß. Im übrigen ist noch darauf hinzuweisen, daß man von Tugenden der Demokratiefähigkeit praktisch im gleichen Sinne sprechen kann wie von Tugenden der Friedensfähigkeit. Das hängt mit der elementaren Friedensfunktion der demokratischen Ordnung zusammen, von der schon die Rede war. Recht verstanden meint Demokratie im Grunde ja nichts anderes als Frieden in Freiheit – oder, mehr noch: den Frieden *als* Freiheit.

1. Toleranz

Sie ist vorab zu nennen, weil es ohne sie keine Freiheit zur Vielfalt und damit keinen wirklichen Frieden geben kann, sondern einzig den unerbittlichen Bürger-Krieg, der nur im Triumph des jeweils Stärksten, in der diktatorischen Gewaltherrschaft enden kann.

Es gibt Stufen der Toleranz. Auf der ersten beschränkt sie sich im Wortsinne auf das »Dulden« anderer Anschauungen, das heißt: Die Toleranz bleibt noch im heimlich schwärenden Leiden daran befangen, daß der Andersdenkende meine Meinung nicht teilt. Schon dies ist keineswegs gering einzuschätzen. Denn immerhin wird der blutige Kampf vermieden. Es liegt nahe, vom Nicht-Krieg, von einem »negativen« Frieden zu sprechen. Dauert er lange genug, so mag er zu einer Gewöhnung an die Koexistenz der Unterschiede beitragen – zu einer Gewöhnung, in der es allmählich als abwegig erscheint, daß man noch Gewalt gegeneinander einsetzen könnte.

Aber ungleich höher führt die zweite Stufe. Auf ihr meint Toleranz nicht mehr ein Leiden, sondern eine Freude: Vielfalt macht reicher; der Andersdenkende kann mir zu neuen Einsichten verhelfen, wie ich ihm. Miteinander bleiben wir in jener Offenheit für das Kommende, die das Leben bedeutet.

Der Vorrang der Toleranz für die Friedensfrage läßt sich aus der Geschichte erfahren. Wie schon gesagt wurde: Am Beginn der Neuzeit erschütterten und verwüsteten Kriege und Bürgerkriege religiösen Ursprungs Europa. Der Tod regierte, und Flüchtlingsströme durchzogen den Kontinent, wie erst im 20. Jahrhundert wieder. Die Toleranz erwies sich damit mehr und mehr als Bedingung des Überlebens. Aber wie wurde sie praktisch durchgesetzt?

In John Lockes unsterblichem »Brief über Toleranz« – einem ideellen Manifest der »glorreichen« Revolution von 1688 – heißt es: »Der wirft Himmel und Erde zusammen, diese am weitesten voneinander entfernten und gegensätzlichen Dinge, der die beiden Ordnungen vermischt, die in ihrem Ursprung und Amt und in jeder Hinsicht total verschieden sind.« Locke proklamiert damit die Trennung von Staat und Kirche als Prinzip des Friedens; zum mindesten proklamiert er, daß der Status des Staatsbürgers vom Konfessionsstatus unabhängig sein und der eine auf den anderen keine Auswirkungen haben soll.

Von der Proklamation zur Praxis war es freilich ein weiter Weg. Zwar gab es schon frühzeitig Zitadellen der Toleranz, wie in den Niederlanden; es gab dann in Brandenburg-Preußen die von »oben« aufgezwungene, eine administrierte Toleranz, die »unten«, bei den Untertanen, allerdings überwiegend auf Unverständnis und Widerstand stieß und einen streitbaren Lutheraner und frommen Liederdichter wie Paul Gerhardt gewissermaßen zum Märtyrer der verfügten Toleranz machte – man ist versucht zu sagen zu einem »Radikalen« seiner Zeit, der deshalb sein Amt verlor. Aber erst im späten 18. Jahrhundert, in der Verfassung von Virginia, die dann das Modell für die Vereinigten Staaten lieferte, wurde die Trennung von Staat und Kirche ausdrücklich zum Prinzip erhoben.

Wie dramatisch die von Locke proklamierte Wendung tatsächlich war, mag ein weiteres Zitat anschaulich machen. »Die Toleranz«, schrieb die während der großen englischen Revolution in Westminster tagende »Assembly of Divines« an das englische Parlament, »würde aus diesem Königreich ein Chaos, ein Babel, ein zweites Amsterdam (!), ein Sodom, ein Ägypten, ein Babylon machen. Wie die Erbsünde die Ursünde ist, die den Samen und Laich aller Sünden in sich trägt, so trägt die Toleranz alle Irrtümer und alle Sünden in ihrem Schoß.«[50]

Nachträglich ist es leicht, dies einfach als Fanatismus und Bigotterie abzutun – oder, auf der Gegenseite, als einen Zynismus der Staatsraison. Das alles war gewiß auch, aber keineswegs nur im Spiel; es handelte sich um viel mehr: Das »cuius regio, eius religio« war angesichts der verheerenden Religionskämpfe im 17. Jahrhundert die schlechthin rettende Friedensformel. So hat es auch noch Lockes großer Vorgänger, Thomas Hobbes, gesehen und einsichtig zu machen versucht.[51]

Wenn schließlich doch das andere, auf die Toleranz gegründete Friedensprinzip sich durchsetzen konnte, dann beruht das auf einer Voraussetzung, die sich durchaus nicht von selbst versteht und die in ihrer Bedeutung nur selten gewürdigt wird. Gesellschaftliche Voraussetzung der Toleranz ist nämlich, was als Entwicklung zur *Komplexität* oder zur Gliederung des sozialen Systems in Subsysteme beschrieben werden kann. Dabei ist das Individuum im Gegensatz zu den ständischen oder kastenartigen Gliederungen der vormodernen Gesellschaft nicht nur einem Subsystem dauernd zugeordnet, sondern jeder einzelne muß in vielen Bereichen mit dauernd wechselnden Anforderungen seine »Rollen« spielen. Einfacher: Der vormoderne Mensch ist typischerweise das, was er ist, ganz und für immer: Knecht, Bauer, Grundherr, Herrscher; es geht nicht um auswechselbare Teilrollen, sondern in aller Regel um ein *vorgegebenes Schicksal*. Der moderne Mensch dagegen *erwirbt* oder *verläßt* eine Vielzahl von Rollen: des Ehepartners, Berufs-, Vereins-, Partei-, Konfessionsangehörigen und so fort. Und er muß die Vielzahl und Verschiedenartigkeit der jeweiligen Rollenzumutungen tragen und ausbalancieren, oft sogar als Konflikt erfahren und bestehen.

Doch gerade hierin steckt die gesellschaftliche Bedingung der Freiheit und der Toleranz: Staatsbürgertum und Konfessionsstatus vereinigen sich zwar in derselben Person, aber da sie sich auf verschiedenartige »Subsysteme« oder »Rollen« beziehen, sollen ihre jeweiligen Erwartungen, Anforderungen und Sanktionen nichts miteinander zu tun haben. Man soll wegen der einen nicht über die anderen stolpern und in ihnen sich verfangen müssen. Dabei stellt das konfessionelle Toleranzprinzip heute natürlich nur noch den Sonderfall eines allgemeinen Prinzips dar, wie es der Gleichheits- und Toleranzartikel des Grundgesetzes zum Ausdruck bringt, in dem es heißt: »Niemand darf wegen seines Geschlechtes, seiner Abstammung, seiner Rasse, seiner Sprache, seiner Heimat und Herkunft, seines Glaubens, seiner religiösen oder politischen Anschauungen benachteiligt oder bevorzugt werden.« Was gemeint ist und was es praktisch bedeutet, wird einmal mehr in der Negation deutlich:

Wo immer jemand auf *eine* Rolle festgelegt, sozusagen festgenagelt wird, die in alle anderen Rollen durchschlägt und die als ein Schicksal, als gleichsam naturhafte über den Rollenträger verfügt wird – *der* Deutsche, türkische Gastarbeiter, Neger, Jude, Homosexuelle, Zigeuner, *die* Frau, *der* Radikale, Kapitalist, Kommunist, was immer –: da ist das in der modernen Gesellschaft ein Signal der Intoleranz, der verweigerten Freiheit. Verfemung ist dann mindestens heimlich immer schon vorhanden, und die Verfolgung duckt sich zum Sprung. Es ist das *Obszöne* an Regimen, die wir gemeinhin »totalitär« nennen, daß sie mit allen verfügbaren Gewaltmitteln diese Intoleranz, also eine prinzipielle *Antimodernität*, unter irgendwelchen Vorzeichen angeblich letzter Werte und Wahrheiten in der einen oder anderen Richtung neu durchsetzen und befestigen wollen.

Aber allgemein zeigt sich die Gefahr einer Zivilisationsflucht, die kurzschlüssig alles wieder aufs Einfache und Überschaubare, Nichtkomplexe zurückführen möchte. Ebenso zeigt sich noch einmal die Gefahr einer Verachtung des »bloß Formalen«. Gerade auf der Formalisierung jedes einzelnen zum *Menschen* und zum *Bürger*, unabhängig davon, was er sonst noch in der Vielzahl seiner Lebensverhältnisse und seiner »Rollen« ist oder nicht ist, beruht das Gleichheits- und Toleranzprinzip unserer Freiheit. Die neuzeitliche Durchsetzung der Menschen- und Bürgerrechte hat die Formalisierung zu ihrem Fundament: das Absehen von inhaltlich-materiellen, dem Individuum schicksalhaft vorgegebenen Bestimmungen, wie sie zum Beispiel einer Ständeordnung auch im Rechtssinne gemäß sind. Materielle Festlegung muß daher entweder den Rückfall in eine mit äußerster Gewaltsamkeit hergestellte und befestigte neue *Ungleichheit* mit sich bringen – oder die rigorose *Gleichschaltung*, die keine Freiheit zum Anderssein mehr duldet und ebenfalls nur mit äußerster Gewaltsamkeit durchgesetzt werden kann. In der Praxis dürften Ungleichheit und Gleichschaltung sich widersprüchlich und folgerichtig verbinden; die nationalsozialistische Barbarei hat es demonstriert.

Im übrigen sollte die Tatsache, daß es noch immer und immer wieder Diskriminierung gibt – etwa die Benachteiligung der Frau im Beruf –, nicht zu dem Kurzschluß verführen, das Gleichheits- und Toleranzprinzip als »formalen Schwindel« abzutun. Im Gegenteil: Im Kampf gegen alle Arten von Diskriminierung bildet es die Hauptwaffe, den einzigen und unverzichtbaren Rechtstitel.

2. Kompromißbereitschaft

In seinem »Traktat über den Kompromiß« schreibt Theodor Wilhelm: »Die Neigung, das Unmögliche zu wollen und so das Mögliche unmöglich zu machen, hat in Deutschland einen tiefgestaffelten geschichtlichen Hintergrund ... Wo Kompromisse geschlossen werden, wird das Subjekt in Abhängigkeit gebracht. Abhängigkeit von den äußeren Umständen, die gegeben und nicht beliebig veränderbar sind, und Abhängigkeit von anderen Menschen, die das Subjekt in seiner Willkür einschränken. Der Kompromiß ist eine Form des Sichentschließens, welche die Meinung und den Willen anderer zur Kenntnis nimmt und das eigene Konzept damit in Einklang bringt. Die Selbstherrlichkeit des Ichs wird ganz entschieden eingeschränkt. Eine positive Theorie des Kompromisses bricht insofern brutal in das umfriedete Gehege des deutschen Freiheitsbegriffes ein.«[52] Denn dieser Freiheitsbegriff war eigentlich immer ein von aller Praxis getrennter »rein geistiger« und eben damit absoluter; die Folge war und ist »die Flucht des Subjekts, das durch Freiheitsbeschränkung von außen bedroht ist, in den Innenraum der Gesinnung«.[53]

Nun kann man natürlich sagen – und so wird es in der Regel auch anerkannt –, daß Kompromißbereitschaft unvermeidbar ist in einer komplexen und dynamischen politisch-gesellschaftlichen Ordnung, in der stets vielfältige und in vielem sogar gegensätzliche Anschauungen und Interessen miteinander konkurrieren. Die Alternative wäre: Gewalt, die Unterdrückung des jeweils Schwächeren durch den Stärkeren. Doch in solcher Sicht bliebe der Kompromiß immer noch etwas Negatives – und die Bereitschaft zum Kompromiß ein notwendiges Übel, von dem man annehmen muß, daß die aufs Ganze gehende Gesinnung es hinter sich läßt und wie etwas Schmutziges abwirft, sobald man die Macht dazu hat und es ohne schwerwiegende Folgekosten möglich scheint.

Kompromißbereitschaft kann aber und sie sollte mehr sein: ein positiver Akt, eine echte Tugend. Denn sie enthält, ja sie schafft die Anerkennung des anderen in seinem Anderssein. Und im Wechselverhältnis, in einer »Reziprozität der Perspektiven« bedeutet dies wiederum die Anerkennung meiner eigenen Individualität und Besonderheit. Die wirkliche Kompromißbereitschaft enthält damit nichts Geringeres als das moralische Fundament der Freiheit. Wo dagegen das Anderssein des anderen nicht wirklich anerkannt, sondern nur auf Widerruf hingenommen wird, da wird zugleich die eigene Besonderheit an ein angeblich höheres, abstrakt Allgemeines und Absolutes verraten, in dessen Namen letztlich *allem* Abweichen und Anderssein die Berechtigung abzusprechen ist. So kommt es zur Selbstverkrüppelung der Individualität.

Es sei im übrigen darauf hingewiesen, daß Kompromißbereitschaft als Tugend ein »gemischtes«, also im positiven Sinne vom Ausgleich und von der Machtbalance geprägtes Verfassungssystem erst möglich macht. Es versteht sich, daß in einem einseitig von »oben« bestimmten Regime, unter welchem Vorzeichen immer, der Kompromiß nur als Ärgernis, als allenfalls taktische Maßnahme auf Zeit und auf Vorbehalt verstanden werden kann. Entsprechendes gilt aber auch für die absolute, angeblich »reine« Herrschaft von »unten«, wie sie Rousseaus Lehre von der volonté générale und der Rätegedanke verkörpern, die sich mit der Forderung nach dem imperativen Mandat verbinden. Dieses imperative Mandat schließt ein Verhandeln über Kompromisse seiner Idee nach aus, weil es legitime Gegeninteressen eigentlich gar nicht geben darf; eben deshalb muß der erzielte Kompromiß grundsätzlich als »Verrat« erscheinen, der mit sofortiger Abberufung der Räte zu quittieren ist. Da das System kaum funktionieren kann, schlägt in der Praxis die Hoffnung auf absolute Freiheit ins Gegenteil um: in die rigorose Erziehungsdiktatur, die erst zu schaffen behauptet, was ursprünglich doch vorausgesetzt wurde.

3. Mäßigung

Mäßigung ist der Kompromißbereitschaft so eng verwandt wie der Toleranz. Überhaupt darf man die hier behandelten Tugenden nicht isolieren. Sie gehören, wie die einzelnen Musikinstrumente im Orchester, als Teile zu dem Ganzen, das die Friedens- und Demokratiefähigkeit meint.

Wer lange in der Knechtschaft lebte, neigt im Überschwang seines ersten Freiseins leicht zur Maßlosigkeit. Freiheit schafft in der Tat die Möglichkeit zu maßlosen Unterstellungen und zu maßlosen Forderungen. Aber mit maßlosen Unterstellungen wird dem politischen Gegner der gute Wille abgesprochen, mit maßlosen Forderungen am Ende immer nur die Unfähigkeit des »Systems« demonstriert, sie zu erfüllen. So zerstört Freiheit sich selbst. »Menschen«, sagt Edmund Burke, »sind genau in dem Maße zu bürgerlicher Freiheit qualifiziert, in dem sie ihren Begierden Bindungen auferlegen ... Eine Gesellschaft kann nicht bestehen, wenn nicht irgendwo eine kontrollierende Macht gegenüber dem Willen und den Begierden existiert, und je weniger es diese Macht in den Menschen selbst gibt, desto mehr muß sie von außen kommen. In der ewigen Ordnung der Dinge ist es bestimmt, daß Menschen von ungezügeltem Geist nicht frei sein können. Aus ihren Leidenschaften entstehen ihre Fesseln.«[54]

Als Selbstkontrolle schafft Mäßigung die Voraussetzung dafür, daß die Kontrolle durch äußere Macht allmählich zurückgedrängt werden kann. Geschichtlich gesehen geht es um einen sehr langfristigen, über Jahrhunderte hin ablaufenden – und stets von Rückschlägen bedrohten und begleiteten – Prozeß der Selbstdisziplinierung.[55]

Mäßigung macht die Friedensfunktion der demokratischen Verfassungspraxis erst möglich. Wenn Mehrheiten ihre Macht rücksichtslos ausspielen, werden sie »streng legal« und womöglich besten Gewissens Minderheiten unterdrücken und in einen verzweifelt subversiven Widerstand treiben. Wenn andererseits Minderheiten Mehrheitsentscheidungen nicht respektieren, werden sie die Unterdrückung provozieren, die sie dann beklagen.

Ohne Mäßigung keine Gewaltenteilung. Man stelle sich zum Beispiel einmal vor, eine Oppositionsmehrheit im Bundesrat – oder ein von der Opposition ständig angerufenes Bundesverfassungsgericht – würde rigoros die Gesetzesvorlagen von Bundestagsmehrheit und Bundesregierung blockieren. Eine Verfassungskrise wäre dann über kurz oder lang unabwendbar. Sie könnte wohl nur durch die Roßkur einer Gewaltenkonzentration behoben werden – das heißt um den Preis der beschädigten Freiheit aller.

Entsprechendes gilt für die Friedensfähigkeit insgesamt in einem System, das »Staat« und »Gesellschaft« übergreift. Man denke an das Verhalten und die Verantwortung der Verbände, besonders der Tarifparteien, an Bürgerinitiativen, an die Verhältnisse in den Hochschulen und alle Formen der Mitbestimmung, an die Kirchen und vieles andere mehr.

4. Konfliktfähigkeit

Konflikte gehören zum Alltag der Demokratie und der offenen Gesellschaft. Mehr noch: Konflikte, die bei einzelnen und Gruppen aus der Konkurrenz der Anschauungen und Interessen, aus dem Kampf der Parteien um Mehrheit und Macht entstehen, sind *notwendig*. Denn sie sorgen für Veränderungsmöglichkeiten, für Reformfähigkeit; sie bewahren das gesellschaftlich-politische System vor Erstarrung. Eine dem Anspruch und Anschein nach konfliktlose Ordnung sollte deshalb wie schon jede Proklamation der Idylle tief verdächtig sein.

Pointiert hat bereits Kant den Sachverhalt geschildert: »Ohne jene, an sich zwar eben nicht liebenswürdige Eigenschaft der Ungeselligkeit, woraus der Widerstand entspringt, den jeder bei seinen selbstsüchtigen Anmaßungen notwendig antreffen muß, würden in einem arkadischen Schäferleben, bei vollkommener Eintracht, Genügsamkeit und Wechselliebe, alle Talente auf ewig in ihren Keimen verborgen bleiben: die Menschen, gutartig wie die Schafe, die sie weiden, würden ihrem Dasein kaum einen größeren Wert verschaffen, als dieses ihr Hausvieh hat; sie würden das Leere der Schöpfung in Ansehung ihres Zwecks, als vernünftige Natur, nicht ausfüllen. Dank sei also der Natur für die Unvertragsamkeit, für die mißgünstig wetteifernde Eitelkeit, für die nicht zu befriedigende Begierde zum Haben, oder auch zum Herrschen! Ohne sie würden alle vortrefflichen Naturanlagen in der Menschheit ewig unentwickelt schlummern.«[56]

Das ist nun freilich historisch wie aktuell höchst undeutsch formuliert. Denn hierzulande gibt es eine tiefverwurzelte *Konfliktscheu*. Obwohl – oder weil – die sozialen Fronten in der Regel weniger verhärtet und zum Beispiel Arbeitskämpfe weitaus seltener sind als in vielen anderen westlichen Industriestaaten, erregen Streiks nicht bloß Aufsehen, sondern Angst, manchmal bis an die Grenzen der Hysterie. Parteien gelten als stark, wenn sie Einmütigkeit demonstrieren, als schwach dagegen, wenn es »Flügel« gibt und etwa auf Parteitagen kritisch und kontrovers diskutiert wird. Politische Bildung wurde, nicht bloß dem Namen nach, in der Bundesrepublik lange als »Gemeinschaftskunde« verstanden; als dann in den sechziger Jahren eine »Konfliktpädagogik« sich entwickelte, geriet sie rasch ins Kreuzfeuer der Verdächtigungen, so als betreibe sie schlechthin das Geschäft der »Systemveränderer« und einen gewaltsüchtigen Radikalismus. Daß es Einseitigkeiten und dogmatische Verengungen gab, sei nachdrücklich zugestanden.[57] Aber die Kritik schoß weit übers Ziel hinaus, verlor manchmal jedes Maß und offenbarte damit die Abgründe deutscher Harmoniebesessenheit – die übrigens in allen Heerlagern anzutreffen war. Denn nicht selten weckte Konfliktpädagogik selbst den Eindruck, als gehe es im Grunde nur ums »letzte Gefecht«, um den einen großen Konflikt zur Abschaffung aller Konflikte.

Doch noch einmal: In der offenen Ordnung ist es notwendig und legitim, daß Anschauungen und Interessen sich zum Kampf um ihre Durchsetzung organisieren. Und die auftretenden Konflikte können produktiv statt destruktiv ausgetragen werden, sofern sie allgemein anerkannten Verfahrensregelungen unterliegen, die Rechtsstaat, Verfassung und Konventionen bereitstellen – ein Insgesamt von geschriebenen und ungeschriebenen »Spielregeln«, an die alle Beteiligten sich halten.

Die Offenheit ist so wichtig wie die Verfahrensregelung, und beide sind aufeinander bezogen. Nur wo wenigstens dem Prinzip nach alle Interessen und Anschauungen zum Zuge kommen und nicht vorweg ausgeschlossen werden, kann man erwarten, daß sie auf die Dauer die Spielregeln achten und einhalten, statt entweder in die Resignation oder in verzweifeltes und gewalttätiges Aufbegehren zu verfallen.

Aber wenn die Möglichkeiten gegeben sind? In der Denkschrift »Gewalt und Gewaltanwendung in der Gesellschaft«, die die Kammer der Evangelischen Kirche in Deutschland für öffentliche Verantwortung 1973 herausgab, heißt es: »In einer ›offenen Gesellschaft‹, wie sie zum Beispiel in der Bundesrepublik Deutschland besteht, stellt sich die Frage der Gewaltanwendung prinzipiell anders als in diktatorisch regierten und freiheitlich-rechtsstaatliche Grundsätze prinzipiell mißachtenden Ländern.« Hier gilt: »Wo immer einzelne oder Gruppen den Versuch unternehmen, die für jedes menschliche Zusammenleben unerläßliche Ordnung zu zerstören oder auf Kosten anderer zu mißachten, muß die staatliche Ordnung notfalls mit Gewaltmitteln ihren Anspruch durchsetzen. Diese Ordnungsgewalt ist unabdingbarer Bestandteil der staatlichen Handlungsmöglichkeiten – auch dann, wenn sie nur in besonderen Situationen angewendet wird. Solange sie im Rahmen einer ausgebildeten und tatsächlich wirksamen Rechtsordnung steht, kann sie weder als Instrument der Unterdrückung bezeichnet noch als Rechtfertigung für gewaltsamen Widerstand herangezogen werden.«

Wo also die geltenden Regelungen Organisations- und Aktionsmöglichkeiten eröffnen, da läuft jede Regelverletzung auf die Störung, letztlich auf die Zerstörung der offenen Ordnung hinaus: Insgeheim wird der eigene Anspruch absolut gesetzt, der Konfliktpartner nicht als solcher anerkannt; genau damit wird die Offenheit für legitim verschiedenartige Standpunkte schon verneint. Als Folge wird eine negative Spiralbewegung in Gang gesetzt: Der nicht anerkannte Konfliktpartner muß um seiner Selbstbehauptung willen ebenfalls die Partnerschaft aufkündigen; er wird an die Regeln nur dann und solange sich halten, wie sie ihm nützen. Sonst aber wird er versuchen, sie zu seinen Gunsten umzustoßen, um die eigene Vorherrschaft zu sichern und auf Dauer zu stellen.[58] Allgemein entsteht ein Klima abgründigen Mißtrauens. Gerade diese negative Entwicklung zeigt im Kontrast, daß die Wechselbezüglichkeit von offener Ordnung und anerkannter Verfahrensregelung auch oder gerade in der Legitimation von Konflikten zugleich Integration bedeutet und das Gegenteil von Gewalt meint. Die Konfliktparteien sind tatsächlich in dem Sinne Partner, daß sie einander als legitime Konfliktparteien anerkennen und sich das Vertrauen auf die Einhaltung der Regeln vorgeben.

Konfliktfähigkeit stellt damit eine elementare Tugend demokratischer Friedenssicherung dar. Allerdings handelt es sich um eine komplexe Tugend, in die andere Tugenden schon eingegangen sind. Hier wie überall kommt es darauf an, nicht Einzelaspekte zu isolieren, sondern Verschränkungen und Bedingungsgefüge zu beachten.

Die Bedeutung der Konfliktfähigkeit als einer Tugend zeigt sich nicht zuletzt in ihrer immunisierenden Wirkung gegenüber der Faszinationskraft totalitärer Gewalt. Diese Faszinationskraft ergibt sich wesentlich daraus, daß es um den – im Grunde un- und vorpolitischen – Traum von der Idylle, von der Konfliktfreiheit und absoluten Harmonie geht: als »Endlösung« nach einem äußersten Kampf, gleich ob revolutionär oder restaurativ; daher erweist sich der totalitäre Traum in Krisenlagen immer dort als gefährlich attraktiv, wo es an demokratischen Traditionen mangelt. Man denke an die unterschiedlichen, ja gegensätzlichen deutschen und amerikanischen Reaktionen auf die Weltwirtschaftskrise: hier die Vernichtung der Demokratie in der nationalsozialistischen Machtergreifung und in der Proklamation der »Volksgemeinschaft«, dort die Entscheidung für Roosevelt und seinen New Deal, also für den Versuch demokratischer Erneuerung.

Der Traum von der radikalen Gemeinschaft muß alle, die abseits bleiben oder als abseitig definiert werden, entsprechend radikal ausschließen. Der schauerliche Doppelsinn, der mit dem Begriff der »Endlösung« sich verbindet, macht die Zusammenhänge sichtbar: Der Schein der Volksgemeinschaft und der Idylle findet seine folgerichtige Ergänzung in der Realität des Konzentrations- und Vernichtungslagers und im Krieg. Dabei dient die Behauptung, man werde im Fegefeuer des absoluten Kampfes die absolute Gemeinschaft verwirklichen, noch der schlimmsten Gewalt zur Rechtfertigung.

Das ist die Alternative: Entweder die Freiheit zum Anders-sein, zur legitimen Vielfalt und auch Gegensätzlichkeit von Anschauungen und Interessen in der demokratischen Friedensordnung um den Preis der ausdrücklich anerkannten Konflikthaftigkeit – oder scheinhafte Geborgenheit in der Gemeinschaftsidylle um den Preis teils der totalen Konformität, teils der Gewalt und des Terrors.

5. Sensibilität für Spielregeln

Tugenden sind kein Naturereignis; sie fallen nicht vom Himmel. Ebensowenig lassen sie sich durch pure Willensakte herbeizwingen. Tugenden entwickeln sich oder verkümmern mit den Umständen; sie sind Produkte der Erziehung im weitesten Sinne, einschließlich der Erziehung durch bewußte oder vorbewußte geschichtliche Überlieferungen. Die Bedeutung einer Sensibilität für Spielregeln muß nach dem schon Gesagten kaum mehr eigens betont werden. Sie erweist sich in der Reaktion auf Regelverletzungen; die Sicherheit demokratischer Freiheit hängt entscheidend davon ab, daß Bürger zum Beispiel durch Änderung ihres Wahlverhaltens den Machtmißbrauch ahnden, den die Regelverletzung signalisiert. Die Erfahrung, daß Machtmißbrauch zum Machtentzug führt, stellt zugleich den denkbar wirksamsten vorbeugenden Schutz der Freiheit dar. Für freiheitsfeindliche Regime ist dagegen typisch, daß sie die Bedeutungslosigkeit formaler Regelungen gegenüber den Inhalten und Zielen entweder ausdrücklich proklamieren oder jedenfalls stillschweigend praktizieren.

In solcher Perspektive wird die Frage wichtig, was eigentlich für die Erziehung zur Spielregelsensibilität getan oder nicht getan wird. Politische Bildung will in der Regel entweder Kenntnisse vermitteln oder für »Anliegen« engagieren; von den Spielregeln handelt sie kaum. Ob dies im Rahmen eines Bildungswesens geändert werden kann, in dem es ständig um den Ernstfall des Überlebens im Zensurenwettkampf geht, ist freilich nicht sicher. Überdies müßte es wohl weniger um Worte als um die *praktische Verhaltenserziehung* gehen. Dem Herzog von Wellington wird der Satz zugeschrieben, die Schlacht von Waterloo sei auf den Spielfeldern von Eton gewonnen worden. Wohlgemerkt: auf den Spielfeldern, nicht in den Studierstuben. Der Satz dürfte noch mehr besagen, wenn er auf die Entwicklung zur Demokratie statt auf Schlachten angewandt wird. Die anglo-amerikanische Ganztagsschule bietet für die praktische Verhaltenserziehung ganz andere Möglichkeiten als unsere Vormittags-Wortschule, in der sich Verhaltenserziehung meist auf ein disziplinierendes Minimum beschränkt: Seid ruhig, schreibt nicht ab, prügelt euch nicht auf dem Pausenhof!

Sensibilität für Spielregeln wird aber nicht nur durch Bildungsinstitutionen vermittelt oder verschüttet, sondern entscheidend durch das, was Parteien, Parlamente, Regierungen und Verwaltungen tun. Hierzulande ist freilich die Neigung groß, auf jede auftretende Schwierigkeit mit dem Ruf nach Regelveränderungen zu reagieren; das Grundgesetz wurde in den 34 Jahren seines Bestehens schon häufiger und teilweise tiefgreifender verändert als die amerikanische Verfassung in beinahe zwei Jahrhunderten.

Man kann jedoch mit der Verfassung und mit dem Rechtsstaat gar nicht konservativ genug umgehen. Gerade darauf beruht die Zukunftsoffenheit. Das Vertrauen darauf, daß »die anderen« die Regeln achten und nicht etwa umstürzen werden, sobald sie einmal mit der Mehrheit und der Macht allein sind, schafft erst die Voraussetzung dafür, daß gesellschaftlicher Wandel und politischer Machtwechsel sich angstfrei vollziehen können. Manipulationen dagegen zerstören dieses Vertrauen: Wo einmal die Regel mißachtet wurde, kann es wieder geschehen. Die Folge ist Erstarrung: Man »umarmt« einander krampfartig, damit nur ja keine Hand frei wird, die nach dem Dolche greifen kann.

Den dialektischen Zusammenhang zwischen Konservativität hinsichtlich der formalen Regelungen und Progressivität, Veränderungsoffenheit in der Sache hat Joseph Schumpeter einmal in ein plastisches Bild gebracht: Ein Auto muß nicht langsamer, sondern kann im Gegenteil um so schneller fahren, je wirksamere Bremsen es hat. In der Tat: Ohne Bremsen forsch zu fahren ist nicht etwa ein Zeichen von Mut, sondern unverantwortlicher Leichtsinn – und die Panik der Passagiere, ihr Wunsch, um jeden Preis anzuhalten und auszusteigen, dann nur zu verständlich.

Zu bedenken bleibt auch: Häufige Regelveränderungen, sogar wenn sie »streng legal« vollzogen werden, stumpfen die Sensibilität der Bürger ab – Regeln sind offenbar nicht so wichtig. Der Schritt zu Apathie und Resignation ist dann nicht mehr groß: »Die da oben machen ja doch, was sie wollen!« So darf man sich nicht wundern, wenn die kritische Reaktion ausbleibt, wo sie nötig wäre. Aber natürlich gilt entsprechend: Bewegungen, die von »unten« leichthin über die geltenden Regelungen sich hinwegsetzen oder gar gegen sie »Widerstand« ausrufen, sollten eigentlich sich nicht wundern, wenn im Gegenzug ihnen die Freiräume zertreten und die Handlungschancen verkürzt werden.

6. Vertrauen und Mißtrauen

Ohne Vorgabe von Vertrauen ist Demokratie nicht möglich. Davon war eben schon die Rede. Aber die Demokratie lebt zugleich auch vom Mißtrauen: Macht verführt zum Machtmißbrauch, besonders wenn sie sich in einer Hand konzentriert und zum Monopol gerinnt. *Gewaltenteilung* will dem begegnen; sie ist deshalb ein Ausdruck des institutionalisierten Mißtrauens. In klassischer Form wurde der Sachverhalt vor nun schon zweihundert Jahren in den amerikanischen »Federalist Papers« formuliert:

»Die wichtigste Sicherung gegen die allmähliche Konzentration der Gewalten in einem Zweig (der Regierung) besteht darin, dafür zu sorgen, daß die Männer, welche die verschiedenen Zweige verwalten, die notwendigen verfassungsmäßigen Mittel besitzen und ein persönliches Interesse daran haben, sich den Übergriffen der anderen Zweige zu widersetzen. In diesem wie in allen anderen Fällen müssen die Maßnahmen zur Verteidigung der voraussichtlichen Stärke des Angriffs entsprechen. Ehrgeiz muß durch Ehrgeiz unschädlich gemacht werden. Das persönliche Interesse muß mit den verfassungsmäßigen Rechten des Amtes Hand in Hand gehen. Es mag ein schlechtes Licht auf die menschliche Natur werfen, daß solche Kniffe notwendig sein sollten, um Mißbräuche in der Regierung zu verhindern. Aber setzt nicht schon die Tatsache, daß Regierung überhaupt nötig ist, die menschliche Natur in ein schlechtes Licht? Wenn die Menschen Engel wären, so brauchten sie keine Regierung. Wenn Engel über die Menschen herrschten, dann wäre weder eine innere noch eine äußere Kontrolle der Regierung notwendig. Entwirft man jedoch den Plan einer Regierung, die von Menschen über Menschen ausgeübt werden soll, so liegt die große Schwierigkeit darin, daß man zuerst die Regierung instand setzen muß, die Regierten zu überwachen und im Zaum zu halten – und dann die Regierung zwingen muß, sich selbst zu überwachen und im Zaum zu halten. Die Abhängigkeit vom Volk ist zweifellos das beste Mittel, um die Regierung im Zaum zu halten. Aber die Menschheit hat aus Erfahrung gelernt, daß zusätzliche Vorsichtsmaßnahmen notwendig sind.«[59]

Dialektik von Vertrauen und Mißtrauen: Dahinter steht weder ein optimistisches noch ein pessimistisches, wohl aber ein skeptisches Menschenbild. Der amerikanische Theologe Reinhold Niebuhr hat es prägnant bezeichnet: »Des Menschen Sinn für Gerechtigkeit macht Demokratie möglich, seine Neigung zur Ungerechtigkeit macht Demokratie notwendig.«[60]

Wie immer wird im Kontrast anschaulich, worum es geht. Autoritäre oder totalitäre Regime, was immer sie auch prokla-

mieren mögen, zerstören die Dialektik von Vertrauen und Mißtrauen durch Polarisierung. Dem Volk gegenüber beherrscht die
Machthaber abgründiges Mißtrauen. Das Volk erscheint als
schwach, gefährlich verführbar und eben darum als führungsbe-
dürftig. Für sich selbst dagegen fordern die Machthaber gren-
zenloses, wieder und wieder im organisierten Jubel bezeugtes
Vertrauen. In seinem Gedicht »Die Lösung« hat Bertolt Brecht
das sarkastisch kommentiert:

> Nach dem Aufstand des 17. Juni
> Ließ der Sekretär des Schriftstellerverbands
> In der Stalinallee Flugblätter verteilen
> Auf denen zu lesen war, daß das Volk
> Das Vertrauen der Regierung verscherzt habe
> Und es nur durch verdoppelte Arbeit
> Zurückerobern könne. Wäre es da
> Nicht doch einfacher, die Regierung
> Löste das Volk auf und
> Wählte ein anderes?

Aber natürlich kann das Miteinander von Vertrauen und Miß-
trauen auch in der Gegenrichtung zerstört werden: Wer dem
Volk, den Bewegten »draußen im Lande« nichts als Wahrheit,
Weisheit und Güte unterstellt, »denen da oben« hingegen nur
Arglist, Verblendung oder den Verrat an bösartige Hinter-
grundsinteressen, der kündigt den Frieden auf und bereitet den
Weg für die Gewalt, der angeblich vorgebeugt werden soll.

7. Engagement und Distanz

»Engagiert euch!« tönt es allüberall, »denn das ›Ohne mich‹ ist
der Tod der Demokratie.« An dieser Forderung gemessen steht
es um die Entwicklung der Bundesrepublik Deutschland nicht
schlecht. Wahlbeteiligungen liegen ohnehin immer sehr hoch;
die Mitgliederzahlen der Parteien sind in den letzten fünfzehn

Jahren ganz erheblich angewachsen; Bürgerinitiativen haben sich ausgebreitet wie Feuer in dürrem Unterholz.

Aber so einfach und eindeutig verhält es sich keineswegs. Nicht bloß ist das Recht zum Nichtengagement ein demokratisches Freiheitsrecht, das schätzen lernte, wer je mit der Zwangsbegeisterung Bekanntschaft machte. Sondern es stellt sich die Frage, ob es womöglich auch eine verderbliche Art von Engagement geben kann. Das gilt in der Tat für einen Einsatz ohne Distanz, der den Menschen so umfassend für sich fordert, daß jede Unterscheidung zwischen dem Persönlichen und dem Sachlichen hinfällig wird. Wo man aber distanzlos alles »persönlich« nimmt, wird unvermeidbar jede Sachdifferenz zur Kränkung, zum Widerhaken, der Wunden reißt – und jedes Auseinandertreten einst übereinstimmender Meinungen zum »Verrat«.

Weil das schwer erträglich ist, wächst einerseits die Konfliktscheu und andererseits das Bedürfnis nach Harmonie, Idylle und totaler Gemeinschaft. So hängt das eine mit dem anderen zusammen – und am Ende bildet der verbitterte Rückzug ins »Ohne mich!« wiederum nur die Kehrseite und Konsequenz radikaler, erst übersteigerter und dann enttäuschter Gemeinschaftserwartungen.

Da jedoch die distanzlose Gemeinschaft unabwendbar Spannungen erzeugt, weil sie insgeheim immer von Spaltung und Resignation bedroht wird, auch von zentrifugalen Kräften im Ringen des Individuums um seine Selbstbehauptung, übt sie auf ihre Mitglieder einen massiven Konformitätsdruck aus. Auf diese Weise schlägt ausgerechnet das ganz persönliche Engagement in die Uniformierung und autoritäre Disziplinierung um; im Extremfall entsteht, was Jean Paul Sartre die *fraternité terreur* genannt hat, eine Art von Schreckensherrschaft der Gruppe nach innen. Sie findet ihr Gegenstück in einer Gewalttätigkeit nach außen, die sich bis zur hemmungslosen Aggression steigern kann, zum absoluten Freund-Feind-Verhältnis, das geradezu wahnhaft erfunden und nötigenfalls herbeiprovoziert wird, weil der Druck von außen als Bindemittel und Disziplinierungsinstrument nach innen gebraucht wird.

An der nationalsozialistischen Gewaltherrschaft kann man die Zusammenhänge exemplarisch erkennen. »Volksgemeinschaft«, Disziplinierung und Aggression, bis hin zum Verbrechen der »Endlösung«, bilden ein pathologisches Bedingungsgefüge, das sich auf die eigene Katastrophe hin immer mehr verdichtet. Entsprechendes gibt es aber auch bei kleinen Gruppen, etwa bei der Entwicklung des Terrorismus in unserer Zeit. Mindestens in ideologischen Ansätzen findet man verwandte Züge jedoch schon im Alldeutschtum, im Imperialismus und Einkreisungssyndrom des Kaiserreiches – und unter anderen Vorzeichen in Selbsteinschließung und Erziehung zum Haß auf den »Klassenfeind« in der »sozialistischen Gemeinschaft« der DDR. Und ist die Bundesrepublik ganz freizusprechen? Im Zeichen des Kalten Krieges und des Antikommunismus herangewachsen, hat sie jedenfalls in erheblichem Maße und auf lange Zeit die Disziplinierung nach innen mit einer ebenso ängstlichen wie aggressiven Abgrenzung gegen »den Osten« verbunden; auch in Wahlkämpfen ist diese Verbindung mehr als einmal hergestellt oder doch demagogisch nahegelegt worden.

Wie kann man die Gefahren abwenden? Es ist an das zu erinnern, was schon über die Bedingungen der Toleranz gesagt wurde: Der einzelne wird in der modernen, hochkomplexen und in »Subsysteme« gegliederten Gesellschaft mit einer Vielzahl von »Rollen«-Anforderungen konfrontiert. Man könnte ebenso von einer Vielzahl der Loyalitätsanforderungen sprechen: Familie und Freundeskreis, Beruf, Partei, Staat, Kirche und noch manches mehr verlangen je ihr Recht: Hingabe und Treue. Doch sie relativieren einander zugleich. Die Diskriminierung beginnt dort, wo jemand auf eine einzige Rolle schicksalhaft festgelegt wird – und die Gefährdung, auch und gerade die Selbstgefährdung dort, wo eine Loyalitätsanforderung absolut gesetzt wird und alle anderen erschlägt. Denn damit werden die Differenzierungs- und Distanzierungsmöglichkeiten zerstört; die Pathologie der »Gemeinschaft« beginnt.

Das Prinzip der Differenzierung und Relativierung setzt sich übrigens bis in die speziellen Rollen hinein fort, sogar in die politischen im engeren Sinne. Der Abgeordnete zum Beispiel soll ebenso Partei- und Fraktionsdisziplin wie Unabhängigkeit wahren und im Grenzfall seinem Gewissen folgen; er soll die Sonderinteressen seiner Wähler vertreten und dennoch das Gemeinwohl nicht aus dem Auge verlieren. Alle Analysen, die nur das eine oder das andere betonen und etwa das Repräsentationsprinzip (Art. 38 GG) gegenüber dem Parteienprinzip (Art. 21 GG) für hinfällig erklären, gehen deshalb fehl. Sie blenden die Differenzierung und Relativierung der Anforderungen aus, auf die es gerade ankommt.

Entsprechendes wäre für politische Bildung, ja für soziale Erziehung im weitesten Sinne zu sagen. *Differenzieren lernen*, statt das eine, hier und heute zufällig Aufdringliche absolut zu setzen: Dies würde vielleicht zu einem angemessenen Begriff von Bildung führen. Und vielleicht könnte man das, was Friedensfähigkeit und Demokratie erfordern, in bewußt paradoxer Zuspitzung bezeichnen als: ein *Ethos der engagierten Distanz*.[61]

8. Selbstbewußtsein

In- und ausländische Beobachtungen bestätigen wieder und wieder: Es fehlt in Deutschland an Gelassenheit und Selbstbewußtsein.[62] Das läßt sich geschichtlich erklären. Dem deutschen Bürgertum – seit dem Dreißigjährigen Krieg langfristig ruiniert, stets mit der Übermacht eines Obrigkeitsstaates konfrontiert, dessen entscheidende Kommandoposten der Adel besetzt hält – ist es nie gelungen, siegreich, aus eigener Kraft eine ihm gemäße politische und gesellschaftliche Lebensordnung durchzusetzen. Die Revolution von 1848 scheitert. Die nationale Einigung geht aus der Organisationstüchtigkeit und militärischen Schlagkraft des alten Staates hervor, der damit zu einem Zeitpunkt nachhaltige Wiederaufwertung erfährt, als er eigentlich historisch überholt ist. Die Demokratie hält erst im Gefolge der Weltkriegskatastrophen Einzug, zuletzt auf der Spitze fremder Bajonette.

Sogar der wirtschaftliche Aufschwung seit der Mitte des 19. Jahrhunderts schafft keinen Wandel. Vielmehr entsteht die Paradoxie einer mehr und mehr bürgerlich geprägten Gesellschaft – ohne bürgerliches Selbstbewußtsein, ja mit zunehmend antibürgerlichen Symbolen und Zielvorstellungen.

Sein gebrochenes Selbstbewußtsein macht es dem Bürgertum unmöglich, neuen Herausforderungen – besonders der aufkommenden Arbeiterbewegung – produktiv, auf dem Wege von Reformen statt mit Angst, Unterdrückung und einer Fluchtbewegung in die »machtgeschützte Innerlichkeit« zu begegnen. In der Weimarer Zeit wird die endlich erreichte bürgerliche Republik – symbolisiert und verächtlich gemacht in den bürgerlichen Farben von 1848 – sozusagen in verkehrter Frontstellung von Sozialdemokraten gegen das aus seinen einstigen Fortschrittspositionen desertierte Bürgertum verteidigt. Und am Ende wird die Liquidierung des bürgerlichen Rechtsstaates mit aktiver Unterstützung oder doch unter dem Beifall weiter Teile des Bürgertums vollzogen. Man könnte geradezu von einer antibürgerlichen Bürgerlichkeit, vom bürgerlichen *Selbsthaß* sprechen. Er wird besonders sichtbar in Jugendbewegungen bürgerlichen Ursprungs, die seit der Jahrhundertwende in immer neuen Anläufen unter nur vordergründig wechselnden Vorzeichen gegen alles Bürgerliche rebellieren.

Ist wenigstens seit 1945 ein Wandel eingetreten? Konrad Adenauer, der Ziehvater des neuen Gemeinwesens, konnte vielleicht deshalb so erfolgreich sein und prägend wirken, weil er die Ausnahmeerscheinung eines durch und durch selbstbewußten Bürgers war – wie auf seine Weise auch der erste Bundespräsident, Theodor Heuss. Aber sogar Adenauer wurde von Zweifeln heimgesucht. Sie haben sich seither kaum vermindert, und heute trifft die besondere deutsche Problematik womöglich mit einer allgemeinen Krise bürgerlicher Werte, Vorstellungen und Verhaltensformen zusammen.

Die Frage ist: Kann man, gesellschaftlich und politisch gesehen, Selbstbewußtsein überhaupt beeinflussen oder gar schaffen? Kann man es pflegen und festigen? Die Frage führt in Tiefendimensionen menschlicher Existenz. Denn der Mensch hat ein – prinzipiell immer labiles, offenes, gefährdetes – *Verhältnis zu sich*. Darum braucht er *Ansehen*, ein sozial vermitteltes und abgestütztes Selbst-Bewußtsein. Und darum reagiert der Mensch auf die Beschädigung oder Zerstörung seines Ansehens mit Aggression, bis hin zum Selbstmord oder Mord. In der ehrwürdig unheimlichen Geschichte von Kain und Abel, diesem Urmythos von der Aggression, antwortet Kain auf den Entzug »gnädigen Ansehens« durch Jehova nicht mit der Auflehnung, schon gar nicht mit Achselzucken, sondern mit der Jagd auf den Sündenbock, mit dem Brudermord. Die Geschichte hat im 20. Jahrhundert, im Angesicht von Auschwitz, nichts von ihrer Aktualität verloren.

»Idealtypisch« gesehen kann sich Selbstbewußtsein in zwei Grundformen oder Dimensionen entwickeln. Die eine ist die »vertikale«. In Hegels »Phänomenologie des Geistes« gibt es ein tiefsinniges deutsches Kapitel, das vom Selbstbewußtsein handelt unter dem Titel: Herrschaft und Knechtschaft. Vereinfacht und verkürzt ausgedrückt: Der Herr gewinnt Selbstbewußtsein durch seine Macht über andere; noch der Neid, den er auf sich zieht, stärkt seinen Stolz. Der Knecht aber gewinnt Selbstbewußtsein teils in seiner »Anerkennung« durch den Herrn und in seiner Identifikation mit ihm, teils durch die Verachtung derer, die »anders« und noch unter ihm sind und die, gegebenenfalls, seiner insgeheim aufgestauten Aggressivität als Jagdobjekte freigegeben werden.

Die zweite, alternative Möglichkeit liegt in der »horizontalen«

Dimension der Gleichheit, der Solidarität, christlich gesprochen der Brüderlichkeit und der Liebe. Dabei geht es – wohlgemerkt – nicht etwa um Gleichmacherei oder Gleichschaltung – was praktisch stets zur Herrschaft und Hierarchie sich verkehrt –, sondern um die *Anerkennung im Anderssein*: Selbstbewußtsein wird gewonnen und gefestigt in jener Reziprozität der Perspektiven, in der die Partner gerade in ihrer Besonderheit und Individualität einander bestätigen und reicher machen, ja: beglücken, statt daß sie sich als Bedrohung wahrnehmen. Es liegt nahe zu sagen: Nur ein starkes Selbstbewußtsein kann so empfinden. Aber es handelt sich um ein Bedingungsgefüge; weil Selbstbewußtsein nicht aus dem Nichts entspringt, vielmehr in sozialbiographischen Zusammenhängen sich entwickelt, wird die Stärke des Selbstbewußtseins zugleich durch positive Erfahrungen der Anerkennung im Anderssein aufgebaut.

In der Realität trifft man natürlich kaum auf die idealtypisch reinen Fälle, sondern fast immer auf Mischungsverhältnisse. In Deutschland allerdings war die »vertikale« Ausrichtung durchweg stärker als die »horizontale«. Aus Gründen, die mit der skizzierten Schwäche des Bürgertums sich erklären, gab es nie den »Vatermord« oder die Vertreibung des Herrn, so wie anderswo die Ursprungsmythen der siegreichen Revolution oder des Unabhängigkeitskampfes dies markieren, um damit tragfähige Traditionen der Modernität und des nationalen Selbstbewußtseins zu begründen.

Eben darum wirkt der nicht vollzogene »Vatermord« als Selbsthaß weiter – oder allenfalls als die Ersatzhandlung des »nachträglichen Ungehorsams« gegen das, was die Väter einmal waren. Eben darum gelang die barbarische *Konterrevolution der Ungleichheit*. Der Erfolg des Nationalsozialismus ist wohl nur so wirklich zu verstehen: Demokratie wird als »Zersetzung« von Herrschaft und Hierarchie erfahren; sie weckt in der Tiefe des bedrohten Selbstbewußtseins Angst und Aggressivität. Und dies nicht nur bei den Herrschenden, sondern auch und erst recht bei den Beherrschten, die sich von der Anerkennung durch die Herrschenden und von der Identifikation mit ihnen nicht hatten ablösen können. So kommt im Krisenfall der Schrei nach dem starken Mann, nach dem rettenden »Führer« auf, dem man sich im idealistischen Taumel des Selbst-Opfers unterwirft, sofern er nur die Wiederherstellung von Ordnung als Herrschaft verspricht und verkörpert.

In solcher Perspektive wird allerdings die neuzeitlich-westliche Gleichheitsrevolution als eine ungeheure Herausforderung des Menschen erkennbar; es wird verständlich, warum Tocqueville, der größte Analytiker dieser Herausforderung, in der Einleitung zu seiner »Demokratie in Amerika« sagen konnte: »Das vorliegende Buch ist völlig unter dem Eindruck einer Art religiösen Schauders geschrieben, welchen der Anblick dieser unwiderstehlichen Revolution im Herzen des Verfassers hervorgerufen hat.«

Doch wenn die Gleichheitsrevolution wirklich unwiderstehlich ist, dann in dem Sinne, daß sie die Basis bildet für die Befreiung des Menschen aus seiner Untertänigkeit und für die Entdeckung seiner Würde, seiner Freiheit, seiner Selbstverantwortung. Dann freilich kann der Herausforderung nicht begegnet werden durch ängstliches Zurückweichen, das die Gier zur Aggression erst weckt und ständig wachsen läßt, sondern einzig durch die entschlossene Verwirklichung und Verteidigung von Demokratie, die das sozial vermittelte Ansehen, die Bestätigung des Ansehens aus der »vertikalen« in die »horizontale« Dimension wendet. Gewiß handelt es sich um einen langwierigen und schmerzhaften, stets von Rückschlägen bedrohten, nicht zuletzt in seiner praktischen Umsetzung höchst komplizierten und schwerlich durch Patentlösungen abzukürzenden Entwicklungs- und Lernprozeß. Aber es gibt nun einmal, außer dem Brudermord, keine Alternative. Um wieder Tocqueville zu zitieren: »Es geht nicht mehr darum, die besonderen Vorteile zu retten, die die Ungleichheit den Menschen verschafft, sondern das neue Gute zu sichern, das ihnen die Gleichheit zu bieten vermag. Unser Ziel kann nicht darin bestehen, unseren Vätern gleich zu werden, sondern wir müssen um die Art von Größe und Glück kämpfen, die uns angemessen ist.«[63] Denn darauf beruht unsere Freiheit, darauf der Frieden.

9. Das wohlverstandene Interesse

Wer Interessen vertritt, handelt egoistisch; er sucht den eigenen Vorteil. Darum mag es als besonders anstößig erscheinen, von Interessen ausgerechnet im Rahmen eines Katalogs von Verhaltenstugenden für die Friedensfähigkeit zu sprechen.

Aber es ist die Frage, ob in der Verachtung und Entrüstung, mit der wir von »Interessen« zu reden gewohnt sind, nicht so etwas wie eine ererbte deutsche Untugend steckt. Womöglich stammt sie aus den Traditionen des Obrigkeitsstaates, von denen wir uns noch nicht wirklich emanzipiert haben. Um dies zunächst in einer historischen Anekdote anschaulich zu machen:

Im Jahre 1837 protestierten Göttinger Professoren, die berühmten »Göttinger Sieben«, gegen den Verfassungsbruch des Königs von Hannover. Als sie dafür aus ihren Ämtern und aus dem Lande gejagt wurden, richteten die Bürger von Elbing an einen von ihnen, Professor Albrecht, eine Grußadresse. Denn Albrecht war ein Sohn ihrer Stadt. Daraufhin schrieb der preußische Innenminister von Rochow den Elbingern ins Stammbuch: »Es ziemt dem Untertanen, seinem Könige und Landesherrn schuldigen Gehorsam zu leisten . . .; aber es ziemt ihm nicht, die Handlungen des Staatsoberhauptes an den Maßstab seiner beschränkten Einsicht anzulegen und sich in dünkelhaftem Übermute ein öffentliches Urteil über die Rechtsmäßigkeit derselben anzumaßen.« Daraus wurde bald das geflügelte Wort vom »beschränkten Untertanenverstand«.

Die Geschichte mag weit zurückliegen. Aber klingt so viel anders, was der Staatsrechtslehrer Ernst Forsthoff in unserer Zeit sagte? Es heißt bei ihm: »Der Dilettantismus, mit dem in Bürgerversammlungen die großen Fragen der Wirtschafts- und Sozialpolitik behandelt zu werden pflegen und auch nur behandelt werden können, ist rührend und steril zugleich. Wenn die Staatsbürger je länger je weniger daran Gefallen finden, so darf man daraus folgern, daß sie inzwischen gelernt haben, die Grenzen ihrer Zuständigkeiten zu erkennen. Sie verhalten sich systemgerecht, wenn sie sich demagogischer Verführung zur Unsachlichkeit enthalten.«[64]

In den Zitaten der Rochow und Forsthoff steckt eine doppelte Annahme. Erstens: Die Obrigkeit verfügt über die überlegene Kompetenz, die einfachen Bürgern fehlt. Darum handelt die Obrigkeit sachgerecht, während Bürger, die sich einmischen, nur Sand ins sonst wohlgeordnete Verwaltungsgetriebe streuen. Zweitens: Die Obrigkeit vertritt das Allgemeinwohl – und dies um so besser, je weniger sie dem Druck engstirniger Sonderinteressen ausgesetzt ist. Kein geringerer als Hegel hat den Gegensatz allgemeingültig formuliert, wenn er vom Staat als der »Wirklichkeit der sittlichen Idee«, von der Gesellschaft aber als dem niederen Reich der Bedürfnisse sprach.

Man könnte Allgemeinwohl mit Überparteilichkeit und Interesse mit Parteilichkeit gleichsetzen; dann steht die höherwertige Überparteilichkeit gegen die minderwertige Parteilichkeit: »Für das Vaterland beide Hände, aber nichts für die Parteien«, wie es als Sinnspruch auf der Gedenkmünze hieß, die 1925 bei der Wahl Hindenburgs zum Reichspräsidenten geprägt wurde.

Nachträglich freilich läßt sich das alles als Ideologie durchschauen. Es ist die Rechtfertigungsideologie des Obrigkeitsstaates gegen das Streben gesellschaftlicher Kräfte nach politischer Mitbestimmung, nach Parlamentarismus und Demokratie. Und es geht um die konservative Privilegienverteidigung der wenigen gegen die vielen. Darum ist die angebliche Überparteilichkeit selber Partei; hinter dem Zugriff aufs Allgemeinwohl verstecken sich handfeste Interessen. In diesem Sinne könnte man den Satz geradezu als Axiom bezeichnen, den der große demokratische Jurist der Weimarer Republik Gustav Radbruch geprägt hat: »Die Überparteilichkeit ist die Lebenslüge des Obrigkeitsstaates.«

Aber liegt das alles wirklich und eindeutig in der Vergangenheit? Vielleicht steckt die politische Kultur des Obrigkeitsstaates viel tiefer in uns, als wir wissen oder zuzugeben bereit sind? Besteht womöglich der Unterschied zu früheren Zeiten nur darin, daß inzwischen ein Wettlauf und Konkurrenzkampf ums Gemeinwohl entbrannt ist? Was »wir« fordern, ist natürlich dieses allgemeine Wohl; nur »die anderen« vertreten egoistische Interessen.

»Landwirtschaft dient allen«, heißt es auf Auto-Aufklebern. Wirklich? Und nicht etwa in erster Linie den Berufsinteressen der Bauern? Doch Ärzte, Apotheker und alle anderen argumentieren ja im gleichen Sinne. Oder man achte auf die Anzeigenkampagnen der chemischen Industrie, der Ölkonzerne – kein anderes Lied. Ähnlich sieht es bei den Redeschlachten aus, die die jährlichen Tarifrunden begleiten. Die einen fordern nichts als Gerechtigkeit, darüber hinaus durch Kaufkraftverstärkung Wachstumsimpulse für die Wirtschaft, um die Vollbeschäftigung zu sichern oder wiederherzustellen. Im Gegenlager verfolgt man eben dies Ziel: Nur niedrige Lohnabschlüsse können die Investitionen und die internationale Wettbewerbsfähigkeit, also die Arbeitsplätze sichern.

Aufschlußreich ist die Entwicklung im Lager der Bürgerinitiativen, der Kernkraftgegner, der Grünen und Alternativen, der Friedensbewegung. Alle kämpfen für ein lebenswertes Leben, für das Überleben schlechthin, gegen bösartige Profit- und Machtinteressen. Die Gemeinwohlbehauptung ist nur sozusagen in ihrer Richtung umgedreht worden: Gegen »die da oben« geht es um das Gute und Wahre, das Rettende jetzt von »unten«, von der »Basis«.

In der politischen Rhetorik der Bundesrepublik hat sich noch eine besondere Variante des alten Spiels entwickelt: Dem Gemeinwohl verpflichtet zu sein heißt, fest auf dem Boden des Grundgesetzes, der freiheitlich demokratischen Grundordnung zu stehen, während dies beim politischen Gegner zum mindesten zweifelhaft ist. In den Worten von Robert Leicht:

»Was man unmittelbar aus seiner Interessenlage nicht zu fordern wagt, verlangt man als Inhalt eines ›Rechtstitels‹ um so heftiger. Nur als Folge innerer Unfreiheit scheut man davor zurück, sich die eigenen Interessen als nur solche einzugestehen und die erklärte Auseinandersetzung (aufgrund allseits akzeptierter ›formaler Regeln‹) als dennoch legitim zu betrachten. Diese regressive Einstellung zur – wenn man so will – Technik der politischen Triebbefriedigung schlägt sich in der allgemeinen politischen Mentalität nieder als jenes vulgär-apolitische Vorurteil, wonach Politik nichts anderes als eben ein schmutziges Geschäft sei.«[65]

Überblickt man das Gesagte, so könnte die nüchterne und offene Interessenvertretung in einem neuen Licht erscheinen. Es fällt auch kaum schwer, die innere Verbindung mit anderen der schon besprochenen Verhaltenstugenden zu erkennen. Treten das Allgemeinwohl und ein egoistisches Sonderinteresse gegeneinander in die Schranken, so gibt es keine Partnerschaft der Konfliktfähigkeit, sondern im Prinzip nur den Existenzkampf zwischen dem Guten und dem Bösen. Entsprechend kann es eigentlich auch keine Übereinkunft geben. Interessen dagegen lassen sich ausgleichen; sie sind kompromißfähig.

Je nüchterner und selbstverständlicher im übrigen Interessen vertreten und Interessenkonflikte ausgetragen werden, um so größer wird die Chance, daß aus dem verdeckten und verdrängten, dem unaufgeklärten Interesse das aufgeklärte und wohlverstandene wird, das heißt eines, das das Gegeninteresse immer schon einbezieht. Nicht mehr die Kinder des Lichts und die Kinder der Finsternis treten gegeneinander in die Arena, sondern Individuen und Gruppen als Vertreter grundsätzlich gleichen

Rechts, ja als Partner. Denn das wohlverstandene Interesse lernt es, die Gegeninteressen als ebenso achtbar anzuerkennen wie die eigenen. Man muß geben, um zu nehmen. Am Ende wächst die Einsicht, daß ein borniert einseitiges, unerbittliches Rechthaben-Wollen alle und alles verlieren läßt, während im aufgeklärten Interessenausgleich alle gewinnen – und überleben können. Für die Friedensfähigkeit kommt dieser Art von Aufklärung zentrale Bedeutung zu.

IV
Dämme gegen die Selbstzerstörung

»Albanien, ein Leuchtfeuer der Freiheit!« Diese Schlagzeile produzierten, auf Plakate gedruckt, an Mauern gesprüht, vaterlos gewordene Maoisten nach dem bitteren Ausgang der »Kulturrevolution«, dem Tode ihres Vorbilds und dem Sturz der »Viererbande« in China. Hatte vielleicht der unbekannte Cervantes unserer Tage eine Losung für seinen modernen Don Quijote erfunden? Das abgeschottete, unbekannte Lande der Skipetaren jedenfalls erschien den Produzenten der Schlagzeile offenbar als die letzte Fluchtburg der Utopie, der Hoffnung auf eine andere und bessere Welt. Wahrscheinlich war es so, *weil* Albanien abgeschottet und unbekannt blieb.

Aber der Sachverhalt läßt sich leicht verallgemeinern, und er stimmt dann eher traurig als heiter. So viele, wenn nicht alle Hoffnungen sind zerstoben. Kuba ist, wie Vietnam, schon längst kein »Leuchtfeuer« mehr. »Che« Guevara – wer erinnert sich überhaupt noch an ihn? Indien wurde nie, was Gandhi sich erhoffte. Der Mythos Amerikas, an den gerade die Jugend der Bundesrepublik einmal inständig glaubte, er starb mit John F. Kennedy unter den Kugeln von Dallas, noch bevor er unterm Napalm von Indochina in den Anti-Mythos umschlug. Vom Marxismus und von der Verheißung der großen Oktoberrevolution bleibt mit der Realität des Sowjetstaates nichts als die imperiale Erstarrung, die den elenden Alltag einer bürokratischen Verwaltung des Mangels und die Verödung des Denkens zur

Kehrseite hat. Und vom bundesdeutschen Aufbruch 1969 – »Wir fangen erst an!« – bleiben bloß Resignation und »Tendenzwende«. Wo immer man seither eine Spielart von Aufbruch und Ausbruch noch probte, sei es wie in den Vereinigten Staaten und in Großbritannien nach »rechts«, sei es wie in Frankreich nach »links«: Immer scheint die Enttäuschung unfehlbar auf dem Fuße zu folgen.

Der Sachverhalt läßt sich im weiteren historischen Rückgriff verallgemeinern. Wie viele junge oder ältere Menschen haben nicht 1933 inbrünstig an den Aufbruch in eine neue und bessere Ordnung glauben wollen? Worauf hofften die Kriegsfreiwilligen von 1914, die bei Langemarck singend in den Tod gingen? Und so fort und fort.

Zwar hat über die Französische Revolution noch der gereifte, eher konservative Hegel in seinen »Vorlesungen über die Philosophie der Geschichte« gesagt: »Solange die Sonne am Firmamente steht und die Planeten um sie herumkreisen, war das nicht gesehen worden, daß der Mensch sich auf den Kopf, das ist, auf den Gedanken stellt und die Wirklichkeit nach diesem erbaut ... Es war dieses somit ein herrlicher Sonnenaufgang. Alle denkenden Wesen haben diese Epoche mitgefeiert, ein Enthusiasmus des Geistes hat die Welt durchschauert, als sei es zur wirklichen Versöhnung des Göttlichen mit der Welt nun erst gekommen.«[66] Aber die Versöhnung ließ damals und sie läßt bis heute auf sich warten. Die Geschichte – eine Schädelstätte der verlorenen, geborstenen, der bitter enttäuschten Hoffnungen ...

Diese Erfahrung sollten wohl auch alle diejenigen so nüchtern wie möglich überdenken, die heute im Ernst für den Frieden sich engagieren. Denn vieles, zu vieles scheint in der Friedensbewegung einzig auf das »Prinzip Hoffnung« sich zu gründen. Die Bergpredigt soll endlich werden, was sie in beinahe zweitausend Jahren noch nie war: politisch, eine unmittelbar die Welt gestaltende und verändernde Macht des Glaubens und der Herzen.[67] Die Menschen müssen umkehren, sich bekehren[68]; wenn die

Menschheit überleben soll, braucht sie einen anderen, den neuen Menschen.

Wenn es so wäre, dann stünde es tatsächlich schlimm. Denn vor dem Hintergrund der geschichtlichen und der aktuellen Erfahrungen könnte vom »Prinzip Hoffnung« eigentlich gar nichts anderes ausstrahlen als – die Hoffnungslosigkeit. Darum geht es hier ausdrücklich um etwas anderes, geradezu um die Gegenrichtung: Die Erfahrung soll nicht übersprungen, sondern zum Ausgangspunkt genommen, zum Fundament gemacht werden, um darauf Dämme gegen die Selbstzerstörung zu erbauen – etwa so, wie die Menschen aus ihren Erfahrungen einmal gelernt haben, wie man gegen Sturmfluten durch Deichbauten sich schützen kann.

Das Prinzip Erfahrung: Dagegen bäumen, verständlich genug, Einwände sich auf – vor allem zwei. Der erste kann sogar selber auf Erfahrungen sich berufen: Was den Menschen im Laufe ihres Lebens zustößt und sie formt, das macht sie keineswegs nur klüger und lernbereiter, sondern nicht selten enger und starrer, um nicht zu sagen dümmer. Das Besondere, Zufällige wird verallgemeinert, so als sei es das schlechthin Gültige, obwohl es sich in Wahrheit um krasse Vorurteile handelt. »Italiener sind feige und stehlen.« »Ich kenne die Russen, mir kann niemand etwas erzählen, ich war vor Moskau und als Gefangener in Sibirien!« Das ist ein Thema mit unendlichen Variationen. Häufig geht es auch darum, das Gespräch abzubrechen und Fragen abzuwehren, die das Selbstgefühl angreifen könnten: »Du bist zu jung, da kannst du nicht mitreden, du hast es nicht erlebt.« Kurzum: Es gibt so etwas wie borniert und borniert machende Erfahrungen.

Der zweite Einwand greift weiter: Wir leben in einem Zeitalter reißender Veränderungen. Wissenschaft und Technik mögen die Motoren sein, aber alle Lebensverhältnisse werden betroffen. Was gestern noch als gültig erschien, kann der Irrtum von heute und das Verhängnis von morgen sein. Damit werden Erfahrungen grundsätzlich entwertet. Nicht auf »tradiertes« Wissen, sondern auf »innovatives« Lernen kommt es daher an.[69] Entsprechendes gilt für unsere moralischen Prinzipien. Sie mögen nicht gerade aus der Steinzeit stammen, aber doch aus Verhältnissen, die längst fernab von den heutigen und erst recht von den künftigen Erfordernissen liegen. Ohnehin sind sie hinter dem wissenschaftlich-technischen Wandel lebensgefährlich zurückgeblieben; um beinahe jeden Preis müssen sie aufholen. Andernfalls wären wir verloren.

Es mag so sein; niemand kann das vorweg mit Sicherheit sagen. Allerdings ist es gefährlich, von Forderungen und Hoffnungen kurzerhand auf deren Realisierbarkeit zu schließen – sozusagen in einer Umkehr des bekannten Palmström-Effektes:

»Weil«, so schließt er hoffnungsvoll,

»auch kommen wird, was kommen soll.«

Im Ernst stellt sich die Frage, wie im Wettrennen des Hasen gegen den heimlich-unheimlich verdoppelten Igel, ob wir nicht tatsächlich verloren wären, wenn glücken müßte, »was Revolutionen bisher noch nie gelang: die Besserung der Verhältnisse durch die Besserung des Menschen«.[70]

Kann man von einem ethischen Fortschritt überhaupt sinnvoll sprechen? Und wie, mit welchem Maßstab, wäre er zu messen? Gibt es hinter allen vordergründig wechselnden Einkleidungen nicht so etwas wie Konstanten des Menschseins, die in aller bekannten Geschichte kaum sich verändert haben: Ehrgeiz und Machtstreben wie Mitgefühl und Hilfsbereitschaft, Liebe und Haß, das Ansehen, die Angst und die Aggression, Egoismus und Solidarität? Waren die Probleme, die Abgründe des Herzens nicht seit je schon, wie sie sind und – hoffentlich – immer sein werden? Wie anders könnten wir die Schrecken und Schönheiten des ehrwürdig Überlieferten noch empfinden? Wie über die Grenzen der Zeiten, der Räume, der Kulturen, des Andersseins insgesamt doch den Menschen wiedererkennen? Warum interessieren uns östliche Weisheiten aus längst versunkenen Epochen, die Lehren des Lao-tse, des Konfuzius, des Gautama Buddha? Geht uns ein Buch, das in der Bauern- und Hirtenkultur Altisraels entstand, nicht noch mehr und noch anders an als in der Gestalt eines Textes, auf den die Institution Kirche sich beruft? Oder warum dauert diese Berufung? Warum macht uns die Geschichte von Kain und Abel so betroffen? Und warum die Bergpredigt? Die Antwort auf alle diese Fragen kann doch wohl nur lauten: weil wir es mit den bleibenden, den schlechthin gültigen Erfahrungen des Menschseins zu tun bekommen, aus denen wir etwas lernen können, um uns selbst besser zu verstehen.

Ohnehin müssen Erfahrungen nicht im Engen und Erstarrten steckenbleiben. Sie können aufklären, weiten und warnen. Dabei kommt, recht verstanden, dem Besonderen und sogar dem Bizarren und dem Schrecklichen durchaus Bedeutung zu. Es sagt uns: Dies war möglich. Menschen haben es getan, und darum kann es wieder geschehen. Was an uns liegt, müssen wir versuchen, um uns dagegen zu wappnen. Das gilt durchaus auch im Angesicht der Abgründe der Gewalt und der Zerstörung, die in unserem Jahrhundert sich aufgetan haben. Hätte man den Erfahrungen aus alten Erzählungen oder alten Bildern vertraut, so hätte man der Illusion des »Fortschritts« nicht aufsitzen müssen: Dies sei inmitten einer modernen Zivilisation nicht mehr möglich.

Die amerikanischen Gründerväter haben noch gewußt, worauf sie sich einließen, als sie daran gingen, eine Verfassung zu schaffen, und als sie sich dabei bemühten, Dämme gegen die Gewalt aufzurichten. Denn sie schrieben: »Überlegungen solcher Art mögen denjenigen, die in Amerika die halkyonischen Tage des poetischen oder mythischen Zeitalters heraufzubeschwören hoffen, kleinlich erscheinen. Wer aber glaubt, daß auch uns das normale Maß an Wechselfällen und Schwierigkeiten nicht erspart bleiben wird, das jeder Nation zugemessen ist, wird sie ernster Aufmerksamkeit für wert halten.«[71] Und »ist es nicht an der Zeit, aus dem trügerischen Traum vom goldenen Zeitalter zu erwachen und zur Leitlinie unseres politischen Verhaltens die praktische Anwendung des Grundsatzes zu nehmen, daß wir ebenso wie die übrigen Bewohner dieser Erde von der beglückenden Herrschaft vollkommener Weisheit und vollkommener Tugend noch weit entfernt sind?«[72]

Genau in diesem Sinne geht es im folgenden – wie im Grunde auch schon in allem vorhergehenden – darum, Dämme gegen die Möglichkeiten menschlicher Selbstzerstörung aufzurichten. Ob dies gelingt, ob Erfahrungen fruchtbar gemacht und nicht etwa mißdeutet werden, kann freilich nicht vorab entschieden, sondern nur am Ergebnis überprüft werden.

Selbstzerstörung gehört zu den menschlichen Möglichkeiten. Sie ist ein humanes Privileg.

Es beruht auf doppelter Voraussetzung. Einerseits hat es damit zu tun, daß wir endlich, sterblich sind; das unterscheidet uns von den Engeln und von Göttern. Andererseits haben wir – über die Tiere hinaus – nicht bloß Bewußtsein, sondern Selbst-Bewußtsein. In uns gefangen, geraten wir hinter uns, als die Akteure, die sich zuschauen: in exzentrischer Positionalität, wie Helmuth Plessner dies benannt hat. So können und müssen wir den eigenen Körper zum Instrument machen – und fragen, was wir uns und anderen bedeuten:

Wer saß nicht bang vor seines Herzens Vorhang?
Der schlug sich auf: die Szenerie war Abschied.
Leicht zu verstehen. Der bekannte Garten, und schwankte
leise: dann erst kam der Tänzer.
Nicht *der*. Genug. Und wenn er auch so leicht tut,
er ist verkleidet, und er wird ein Bürger
und geht durch seine Küche in die Wohnung.

Im Bruch der Bedeutung nistet das buchstäblich Unheimliche. Wieder mit Rilke zu reden:

Wir sind nicht einig. Sind nicht wie die Zug-
vögel verständigt. Überholt und spät,

so drängen wir uns plötzlich Winden auf
und fallen ein auf teilnahmslosem Teich.
Blühn und Verdorrn ist uns zugleich bewußt.
Und irgendwo gehn Löwen noch und wissen,
solang sie herrlich sind, von keiner Ohnmacht.

Und:

> Dieses heißt Schicksal: gegenüber sein
> und nichts als das und immer gegenüber.

Verzweiflung ergreift die doppelte Möglichkeit als das einzig noch Rettende: Der Sterblichkeit bewußt, instrumentalisiert sie den zum Instrument gemachten Körper, um ihn zu zerstören.

Die verschiedenen Kulturen haben auf Selbstzerstörung unterschiedlich reagiert. Römer und Japaner haben die Selbst-Tötung als einen Akt stolzer Selbst-Behauptung anerkannt. Das Christentum dagegen stempelte den Selbstmörder zum Mörder, der der Strafe verfällt, zum mindesten in dem Sinne, daß ihm die geweihte Bestattung verweigert und er außerhalb der Friedhofsmauern verscharrt wird.

Abgründig beunruhigend wirkt es in jedem Falle, wenn ein Mensch seine Tat nicht nur gegen sich selbst richtet, sondern andere mit sich reißt. Wieder und wieder berichten die Zeitungen davon, daß jemand erst Frau und Kinder tötete, bevor er sich selbst umbrachte. Erst recht erregte der Massenselbstmord amerikanischer Sektenmitglieder in Guayana vor einigen Jahren weltweites Aufsehen. In diesem Vorgang deutet sich die Möglichkeit an, daß Menschen im Kollektiv zur Selbstzerstörung programmiert werden können, getrieben von Führern, an die sie zuvor sich verloren.

Diese Möglichkeit kombiniert und potenziert sich mit der Entwicklung technischer Instrumentarien. Zwar gab es immer schon Gefolgschafts- und Völkerkatastrophen, weil kranke Führer, vom Wahn befallene Eliten und Ideologien, wonach der heroische Untergang banalem Überleben vorzuziehen sei, das Unheil bereiteten. Doch sogar im schlimmsten Falle gab es Grenzen der Zerstörungsmacht; noch Goethes Mephisto mußte bekennen:

Was sich dem Nichts entgegenstellt,
Das Etwas, diese plumpe Welt,
So viel als ich schon unternommen,
Ich wußte nicht ihr beizukommen,
Mit Wellen, Stürmen, Schütteln, Brand –
Geruhig bleibt am Ende Meer und Land!
Und dem verdammten Zeug, der Tier- und Menschenbrut,
Dem ist schon gar nichts anzuhaben:
Wie viele hab' ich schon begraben,
Und immer zirkuliert ein neues, frisches Blut!

Inzwischen sieht es anders aus. Daß der Natur durchaus beizukommen ist, spricht sich herum. Wie viele Pflanzen- und Tierarten sind nicht schon ausgerottet worden, wie viele aufs höchste bedroht!

Und Menschen? Sie vermehren sich rapide, womöglich gerade damit zum Untergang programmiert. Bereits im Alltagsleben sind ganz neuartige Vernichtungsmöglichkeiten entstanden. Fachleute gehen davon aus, daß es sich in vielen Fällen scheinbar unerklärlicher Frontalzusammenstöße im Straßenverkehr um Akte der sei es bewußten, sei es halb- oder vorbewußten Selbstzerstörung handelt, bei denen die Verstümmelung und Tötung anderer, unbekannter Menschen in Kauf genommen wird. Ähnlich Gasexplosionen in Häusern und vieles mehr.

Doch wie erst in der politischen Dimension! Man stelle sich einmal vor, was geschehen wäre, wenn Hitler in der Endphase des Zweiten Weltkriegs über die Atombombe verfügt hätte. Es ist kaum anzunehmen, daß er gezögert hätte, sie einzusetzen, auch – oder sogar gerade – gegen das eigene Volk, etwa beim letzten Kampf um Berlin. Ausdrücklich hat Hitler ja ausgesprochen, daß man auf die primitivsten Überlebensgrundlagen eines Volkes keine Rücksicht zu nehmen brauche, das im Rassenkampf sich als das schwächere erwiesen habe; er hat die Zerstörung aller nur halbwegs wichtigen Verkehrs- und Industrieanlagen befohlen. Dieser Befehl konnte allerdings nichts Entscheidendes mehr ausrichten, selbst wenn er befolgt statt sabotiert worden wäre. Aber die Zündung der Atombombe durch fanatische Gefolgsleute hätte leicht sich bewerkstelligen lassen.

Der Gefolgsmann Goebbels hat wie in einer Vision künftiger Möglichkeiten das Nibelungen-Finale beschworen: Man werde, wenn man abtreten müsse, die Tür mit einem solchen Knall hinter sich zuschlagen, daß der Erdball erzittere. Welch ein Zufall, welche in geschichtlichen Dimensionen betrachtet winzige Spanne Zeit trennte diesen Traum der Selbstzerstörung von seiner Realisierbarkeit!

Der Blick in die Geschichte besagt, daß wir mit derlei für die Zukunft werden rechnen müssen. Es gab eben, mehr als einmal, die vom Wahn befallenen Machthaber und Gefolgschaften, die Untergangsträume und Selbstzerstörungstaten. Nach schlichter Wahrscheinlichkeitsrechnung wird es ähnliches auch in der Zukunft geben. Und die technischen Möglichkeiten schreiten fort und fort; die Zerstörungspotentiale werden immer gewaltiger – und preiswerter, erreichbarer, alltäglicher; längst haben Romane oder Filme sie in die Reichweite von ordinär Verrückten oder Gangstern gebracht. Science fiction aber wandelt sich zur science reality.

Was kann man tun? Die Frage läßt sich nur schwer und schwerlich knapp beantworten. Patentrezepte gibt es nicht, und wenn es sie gibt, taugen sie nichts.

Einigermaßen einfach läßt sich bloß sagen, was nicht getan werden kann: Eine Umkehr ist nicht möglich; kein Rückweg läßt sich bahnen in die vorgeblich gute und gesicherte Vorzeit. Kein alter Meister vermag die vom Zauberlehrling entfesselten Kräfte zu bannen. »We cannot unlearn«, hat ein Amerikaner den Sachverhalt so knapp wie prägnant formuliert; das Wissen, das einmal in der Welt ist, läßt sich einzig um den Preis der Weltkatastrophe wieder löschen.

Positiv bietet es sich an, von den Vorkehrungen auszugehen, die bereits praktiziert werden. Soweit aus amerikanischen Quellen bekannt wurde, beruhen sie im Umgang mit Atomwaffen darauf, daß niemals eine Einzelperson die Sprengköpfe scharf machen beziehungsweise die Raketen starten kann. Stets müssen mehrere Menschen zusammenwirken. Die Wahrscheinlichkeitsrechnung besagt: Der einzelne, so sorgfältig er ausgesucht wird, mag irgendwann einmal der Faszination des Zerstörungsmittels erliegen, mit dem er sich konfrontiert sieht. Vielleicht wird dies über eine gewisse Zeitspanne unter zehntausend Beteiligten einmal vorkommen. Muß jedoch auch nur eine zweite Person mitwirken, so vermindert sich die Wahrscheinlichkeit um den entsprechenden Faktor. Der einzelne, in dem der dunkle Drang übermächtig wird, dürfte überdies wohl einen anderen Weg in die Selbstzerstörung wählen, wenn ihm die Aussichtslosigkeit seines Vorhabens gegenwärtig ist.

Die Vorkehrung ist im Grunde nicht neu, sondern auch in anderen Bereichen geläufig, etwa bei der Tresortür, für die man nicht nur zwei Schlüssel braucht, sondern auch zwei Zahlenkombinationen, die keine Einzelperson gleichzeitig kennt. In der politischen Arena heißt das entsprechende Stichwort: Gewaltenteilung. In den berühmten »Federalist Papers« von 1787/88 wurde, wie schon zitiert, die Machtkontrolle durch Gewaltenteilung mit einem Blick auf die menschlichen Schwächen so begründet:

»Es mag ein schlechtes Licht auf die menschliche Natur werfen, daß solche Kniffe notwendig sein sollten, um Mißbräuche in der Regierung zu verhindern. Aber setzt nicht schon die Tatsache, daß Regierungen überhaupt nötig sind, die menschliche Natur in ein schlechtes Licht? Wenn die Menschen Engel wären, dann brauchten sie keine Regierung. Wenn Engel über die Menschen herrschten, dann wäre weder eine innere noch eine äußere

Kontrolle der Regierung notwendig.« Aber weil man es nun einmal mit schwachen und eben darum machthungrigen Menschen zu tun hat, muß man genau diese Schwächen für die Zügelung der Macht ausnutzen.« »Ehrgeiz muß durch Ehrgeiz unschädlich gemacht werden.«[73]

Was aus der Weisheit menschheitlicher Erfahrung den amerikanischen Verfassungsvätern einst als Heilmittel erschien, verdient heute erst recht Beachtung. Denn inzwischen geht es ja nicht mehr nur um die Bedrohung durch tyrannische Herrschaft, sondern mit dieser um die Gefahren absoluter Vernichtung. Und eben leider keineswegs automatisch wächst mit der Gefahr das Rettende auch. Darum kann die Mechanik der »checks and balances«, der Hemmungen und Gegengewichte, gar nicht sorgfältig genug entworfen, eingerichtet und gewartet werden.

Doch wird sie, auf die Ämter-Ebene des Regierungssystems beschränkt, zuverlässig genügen? Das ist die Frage. Gewiß, die Autoren der »Federalist Papers« sagen: »Die Methode, das Fehlen edlerer Motive durch die Förderung rivalisierender Interessen auszugleichen, kann durch alle menschlichen Angelegenheiten, seien sie privater oder öffentlicher Natur, verfolgt werden.«[74] Heute würden wir zum Beispiel unser Augenmerk auf die Verbände, auf die sogenannten pluralistischen Kräfte in der Gesellschaft richten. Aber das Problem liegt vielleicht weniger in dem Fehlen als vielmehr in der Existenz und in der Stärke edlerer Motive. Paradox genug wäre wahrscheinlich alles einfacher, wenn unbedingt gelten würde, was Immanuel Kant in seiner berühmten Schrift »Zum ewigen Frieden« behauptet hat: daß das Problem der Staatserrichtung, so hart wie es auch klinge, selbst für ein Volk von Teufeln auflösbar sei – wenn sie nur Verstand hätten.[75] Denn die verständigen Teufel, was immer sie Teuflisches im Schilde führen mögen, wollen jedenfalls eines: unbedingt überleben.

Kant griff auf Thomas Hobbes zurück, den Philosophen vor

der Herausforderung durch den blutigen englischen Bürgerkrieg im 17. Jahrhundert, der seine Staatskonstruktion auf zwei elementare Antriebskräfte gründete: auf den Willen zum Überleben und die Furcht vor dem gewaltsamen Tod. Die Kombination dieser Kräfte macht vor-sichtig: »Jedem Menschen, vorzüglich dem, der weit vorausschaut, ergeht es wie Prometheus. Denn wie Prometheus – das heißt übersetzt: der kluge Mann – an den Kaukasus, einen Berg von weiter Aussicht geschmiedet war, wo ein Adler täglich das von seiner Leber verzehrte, was nachts nachwuchs: so nagt auch am Herzen des Menschen, der zu weit vorausschaut, in der Sorge um die Zukunft die Furcht vor dem Tode, vor der Armut und anderem Unheil, und es gibt keine Erholung von dieser Furcht als den Schlaf.«[76]

Aus Vor-Sicht verlassen die Nachfahren des Prometheus den »natürlichen« Zustand, der als ein mörderischer Kampf aller gegen alle sich darstellt. Und als verständige Teufel errichten sie den Staat, dem sie die Macht oder, mit Max Weber zu reden, das Monopol legitimer physischer Gewaltsamkeit übertragen.[77] Es bleibt dann nur noch – mit dem Philosophen der »glorreichen« englischen Revolution von 1688, John Locke, gegen Hobbes –, die Gefahren des Machtmonopols durch Gewaltenteilung zu bannen.

Die Überlegungen von Hobbes und Kant sind alles andere als antiquiert. Im Gegenteil, sie sind aktueller als jemals zuvor. Denn die Friedenssicherung im »Gleichgewicht des Schreckens« zwischen Ost und West steht und fällt mit der Annahme, daß man es mit verständigen Teufeln zu tun hat: Der Gegner, sei es die Sowjetunion oder seien es die Vereinigten Staaten, mag ein Bösewicht sein, dem alles Schlechte zuzutrauen ist, zum Beispiel ein militärischer Überfall, sobald der ohne großes Risiko unternommen werden kann. Doch der Gegner handelt rational im Sinne seiner Selbsterhaltung; er ist kein Amokläufer und kein Selbstmörder. Bisher hat diese Annahme sich als tragfähig erwiesen.

Doch die Zweifel bleiben und bohren: Erweisen die Menschen sich wirklich immer und zuverlässig als verständige Teufel? Gleichen sie nicht manchmal eher unverständigen Engeln, Wesen, die sich durchaus nicht furchtsam verständig verhalten, sondern heroisch und idealisch, für Heilsvorstellungen streitend, von denen sie glauben, daß ohne sie das Leben nicht lebenswert sei und daß es sich lohne, für ihre Verwirklichung alles Bestehende niederzureißen oder in ihrer Verteidigung unter seinen Trümmern sich begraben zu lassen? Und führt nicht genau dies zur Selbstzerstörung, weil es sich eben nicht um Engel, sondern um Menschen handelt?

Auch dafür gibt es Zeugnisse der geschichtlichen Erfahrung. Von ihnen wurde gleich am Anfang des ersten Kapitels gesprochen. Es gibt die Versuchung des Absoluten und den Idealismus des Selbstopfers. Ernst Jünger schrieb – 1932 –: »Der Mensch entfaltet seine höchste Kraft, entfaltet Herrschaft überall dort, wo er im Dienste steht. Es ist das Geheimnis der echten Befehlssprache, daß sie nicht Versprechungen macht, sondern Forderungen stellt. Das tiefste Glück des Menschen besteht darin, daß er geopfert wird, und die höchste Befehlskunst darin, Ziele zu zeigen, die des Opfers würdig sind.«[78]

Das erwies sich als buchstäblich und schrecklich wahr.

Was also sollen wir tun? Wie kann man die Erfahrungen der Geschichte für ihre Überlebenden fruchtbar machen?

Offenbar darf es nicht damit sein Bewenden haben, daß man auf die unterirdischen Zusammenhänge zwischen Idealismus und Selbstzerstörung warnend hinweist und Skepsis als buchstäblich lebensrettend anpreist. Die Menschen werden es nicht hören wollen. Sie brauchen – in der Fragwürdigkeit ihres Daseins, in der Labilität ihres Selbst-Bewußtseins – Aufgaben, Ziele, Hoffnungen, etwas wie Sinn. Immer wieder gleichen sie höchst unverständigen Engeln, die das – biologisch gesehen – eigentlich Überflüssige fasziniert: Wesen, die auf waghalsige

Wetten und Wettkämpfe sich einlassen, die Berge besteigen, in die Ozeane tauchen, Eiswüsten durchwandern, in den Weltraum fliegen, die Opern und Operetten, das Schöne und den Kitsch und nicht zuletzt Ideologien produzieren, im »Buch der Rekorde« sich verewigt sehen möchten – und bei alledem sich auch noch wohl fühlen, obwohl doch nichts biologisch Notwendiges, Arterhaltendes daran erkennbar wird.

Andererseits halten Menschen es kaum aus, als verständige Teufel allein in der Fülle des Notwendigen sich häuslich einzurichten. Sie verzweifeln. Sie werden aggressiv. Bekanntlich fallen die Selbstmord- und die Kriminalitätsraten nicht mit dem wachsenden Wohlstand der modernen Zivilisation, sondern sie steigen. Und Verzweiflung gebiert Rezeptverkäufer, Wahrsager, Buß- und Erweckungsprediger, professionelle Sinnsucher und -finder, Propheten, kurz jene unverständigen Engel, die dann als die wahren Teufel sich erweisen.

Vielleicht hilft die Weisheit der Gewaltenteilung auch hier weiter; vielleicht läßt sie sich sogar auf Probleme der Sinnvermittlung, des Selbstbewußtseins und der Identitätsfindung übertragen. Denn es gibt eine Herausforderung der Modernität, die grundsätzlich positiv gedeutet werden kann; beim Thema Toleranz war davon schon die Rede[79]: Die Industriegesellschaft zeichnet sich aus durch eine offene Vielfalt der Anschauungen und Interessen, der Organisationen und Institutionen, also für jeden einzelnen ebenfalls durch eine Vielfalt von »Rollen« und Zugehörigkeiten. Jede von ihnen stellt Anforderungen, Zumutungen, fordert Hingabe, Treue, etwas wie Identifikation und damit zugleich Identität.

Allerdings handelt es sich durchweg um Teilidentitäten. Keine ist für sich das Ganze. Konflikte entstehen mit widersprüchlichen Anforderungen. Hoffnungen auf Idylle und Harmonie werden daher regelmäßig enttäuscht. Aber wie wir mit den Spannungen umgehen, sie in uns ausbalancieren, das formt unseren Charakter, schafft Biographie – und damit das Fundament einer Gesamtidentität, die aus den Teilidentitäten sich aufbaut und doch mehr meint als die Summe ihrer Teile. Ist die Chance der Vielfalt erst einmal verstanden und ergriffen worden, so wird es möglich, sie als bereichernd statt als beängstigend zu erfahren. *Vielfalt relativiert* – und schafft doch, eben damit, Sicherheit, gleich im doppelten Sinne. Denn einerseits hängt unsere Existenz, unser Selbstbewußtsein nicht mehr von einer Beziehung allein ab, sondern begründet sich mehrfach. Wenn, bildhaft ausgedrückt, eine Strebe unseres Lebensaufbaus wegbricht, bleiben immer noch die anderen, um das Gebäude weiterhin zu tragen. Andererseits *immunisiert* die Vielfalt: Wir werden der Versuchung des Absoluten, einer an uns herandrängenden Weltanschauung oder im Augenblick modischen Strömung nicht so leicht erliegen, wenn es für uns immer noch andere Perspektiven, Bindungen und Verantwortungen gibt.

Die Flucht vor der Freiheit und Vielfalt in das Eine und Eindeutige liegt gleichwohl nahe. Nur bedeutet unter modernen Bedingungen die Einfalt, die alles auf eine Karte setzt, nicht etwa Stärke, sondern Erstarrung, Schwäche und dem Prinzip nach ein pathologisches Verhältnis. Im Alltagsbeispiel: Wer total in seiner Berufsrolle aufgeht, an ihr festklebt wie die Fliege am Leim, wer im Straßenverkehr, in Familie und Freundeskreis sich benimmt, als sei er auch dort »immer im Dienst« als Beamter und Oberlehrer, der wird rasch zur Karikatur seiner selbst und sich wie anderen zur Last. Erst recht bedeutet es ein pathologisches Verhältnis, wenn bestimmte Gruppen als radikale »Gemeinschaften« sich einigeln und gegen die Gesellschaft isolieren, wie man das an manchen Sekten oder – extrem – an »terroristischen Vereinigungen« erkennen kann.

Freilich gibt es noch im Pathologischen eine strenge Konsequenz. Weil die Realität der modernen Gesellschaft die radikale »Gemeinschaft« mit Zerstörung bedroht, wird die entsprechend radikale Abriegelung nicht nur zur Existenzbedingung der exklusiven Gruppe, sondern als Feindseligkeit gegen das Bedro-

hende zugleich zur Rechtfertigung: Was »uns« zerstören will –
also die Vielfalt –, muß zerstört werden, damit »wir« überleben
können. Dieser Zerstörungswunsch aber mündet, als idealisti-
sches Selbstopfer für die Gemeinschaft glorifiziert, früher oder
später in die Selbstzerstörung. Der Untergang erscheint schließlich als Triumph der einzig noch möglichen Selbstbehauptung,
wie beim Massenselbstmord der erwähnten amerikanischen
Sekte in Guayana.

Doch eben dies gilt auch politisch – und auch im Sinne unserer
geschichtlichen Erfahrungen. In der anhebenden Verhärtung,
Verengung auf das Eine, das angeblich alles sein soll, ist zum
mindesten als Gefahr der katastrophale Ausgang immer schon
angelegt. In diesem Sinne hat Heinrich Heine ahnungsvoll einmal gesagt: »Der Patriotismus des Deutschen besteht darin, daß
sein Herz enger wird, daß es sich zusammenzieht wie Leder in
der Kälte, daß er das Fremdländische haßt, daß er nicht mehr
Weltbürger, nicht mehr Europäer, sondern nur ein enger Deutscher sein will. Da sahen wir nun das idealische Flegeltum, das
Herr Jahn (der Turnvater) in System gebracht; es begann die
schäbige, plumpe, ungewaschene Opposition gegen eine Gesinnung, die eben das Herrlichste und Heiligste ist, was Deutschland hervorgebracht hat, nämlich gegen jene Humanität, gegen
jene allgemeine Menschenverbrüderung, gegen jenen Kosmopo-
litismus, dem unsere großen Geister, Lessing, Herder, Schiller,
Goethe, Jean Paul, dem alle Gebildeten in Deutschland immer
gehuldigt haben.«[80]

Das Ende wird dann bezeichnet durch die bewußt herbeige-
führte Zerstörung jener Sicherung gegen Zerstörung und Selbstzerstörung, welche die »Gewaltenteilung« geistiger Vielfalt auf-
richtet: »Es gehört zur Genialität eines großen Führers, selbst
auseinanderliegende Gegner als nur zu einer Kategorie gehörend
erscheinen zu lassen, weil die Erkenntnis verschiedener Feinde
bei schwächlichen und unsicheren Charakteren nur zu leicht
zum Anfang des Zweifels am eigenen Rechte führt. Sowie die

schwankende Menge sich im Kampf gegen zu viele Feinde sieht, wird sich sofort die *Objektivität* einstellen und die Frage aufwerfen, ob wirklich alle anderen unrecht haben und nur das eigene Volk oder die eigene Bewegung allein sich im Recht befinde. Damit kommt aber auch schon die erste Lähmung der eigenen Kraft. Daher muß eine Vielzahl von innerlich verschiedenen Gegnern immer zusammengefaßt werden, so daß in der Einsicht der Masse der eigenen Anhänger der Kampf nur gegen einen Feind allein geführt wird. Dies stärkt den Glauben an das eigene Recht und steigert die Erbitterung gegen den Angreifer auf dasselbe.«

Der Text stammt von Adolf Hitler[81]; die konsequente Befolgung des demagogischen Grundsatzes schuf Wortungeheuer wie »jüdisch-plutokratisch-bolschewistisch« – und seine Umsetzung in die Tat die »Endlösung«.

Es ist unvermeidbar, daß Identität hergestellt wird durch Unterscheidung und Abgrenzung. Wir müssen, ob wir wollen oder nicht, anders sein als andere, denn sonst erfahren wir nie, wer wir sind. Wer dies, sei es in der besten Absicht, verleugnet und vertuscht, erleichtert nur dem Demagogen das Handwerk. All unser Erkennen, Urteilen, Begreifen, ja Fühlen beruht auf der unterscheidenden Abgrenzung.

Aber es ist vermeidbar, daß wir der Versuchung des Absoluten erliegen und daß aus der Abgrenzung das mörderische, totale Freund-Feind-Verhältnis wird. Es ist vermeidbar unter der Bedingung relativierender Vielfalt. Ein naheliegendes Beispiel mag dies anschaulich machen: die so viel und oft so steril diskutierte »deutsche Frage«.

In der Diskussion über sie taucht hartnäckig das Dilemma eines Entweder-Oder auf. Entweder sind wir selbstbewußte Bundesbürger oder setzen gar das Deutsche mit der Bundesrepublik schlechthin gleich.[82] Dann werden uns die gesamtdeutsche Verantwortung und der Wiedervereinigungsauftrag des Grundgesetzes sozusagen als schlechtes Gewissen angemahnt. Oder wir erklären »Deutschland als Ganzes« zur eigentlichen Realität und die Bundesrepublik zum bloßen Provisorium und Notquartier. Dann wird wiederum die Identifikation mit ihr schwierig.

Manchmal taucht auch eine schlau gemeinte Dialektik auf: Es wird uns geraten, das Nationale einstweilen aus dem Verkehr zu ziehen, damit die Bundesrepublik und die DDR sich unbefangen nebeneinander einrichten und entwickeln können – um eben damit, gut dialektisch, am Ende die nationale Annäherung und Einigung möglich zu machen. Doch es ist zu bezweifeln, ob das funktionieren kann, sofern ja der nationale Hintergedanke im Spiel und allen Beteiligten immer bewußt bleibt.

Falls wir dagegen statt des Entweder-Oder das Sowohl-als-Auch zur Richtschnur nehmen, nähern wir uns den Realitäten und kommen vielleicht weiter. Die Bundesrepublik ist unser Verfassungsstaat politischer Freiheitssicherung, der als solcher Identifikation ermöglichen sollte und es wert ist, verteidigt zu werden. Er hat wenig oder nichts gemein mit den politischen Verhältnissen in der DDR, um so mehr aber mit westlichen Ländern wie den Niederlanden, Frankreich, Großbritannien, den Vereinigten Staaten. Mit der DDR dagegen und nicht mit den Niederlanden, Frankreich oder Polen haben wir gemeinsam: deutsche Geschichte – einschließlich der Verantwortung, die aus ihr folgt –, die Sprache, Literatur, Kultur. Darum werden, sei es auch konkurrierend, Gemeinsamkeiten sofort sichtbar, wenn es um Historisches und Kulturelles von Rang geht; man denke ans »Preußenjahr« 1981 oder ans »Lutherjahr« 1983. Hier liegt darum eine wichtige, immer neu zu aktualisierende Aufgabe, die durch das Handgemenge des Entweder-Oder mehr verschüttet als freigelegt wird.

Das Beispiel läßt sich in jeder Richtung weiterentwickeln. Nach »unten« hin geht es um die Verankerung in Stadt, Landschaft, Region. Warum nicht selbstbewußt sei es Bayer, sei es »Nordlicht« sein? Übrigens entspräche das Erfahrungen über die weitesten Strecken unserer Geschichte; einst war man ebenso selbstverständlich Bayer, Württemberger, Hannoveraner, Preuße, wie *zugleich* selbstverständlich Deutscher.

In der Gegenrichtung, nach »oben« hin, ginge es darum, Europäer und vielleicht sogar, im Sinne Heines, Weltbürger zu sein. Warum soll das Deutsch-Sein dies ausschließen? Gewiß: Nach 1945 wollten viele Leute auf einmal gar nicht mehr Deutsche, sondern bloß noch Europäer sein – verständlich genug. Aber dieses Entlaufen aus der eigenen Teilidentität konnte nicht gelingen, schon deshalb nicht, weil wir im Spiegel der »anderen« – der Franzosen, Niederländer, Polen –, die weiterhin selbstverständlich in ihrer Nationalität wurzeln, auf uns selbst zurückverwiesen wurden. Nicht bloß nebenher wäre inzwischen aber anzumerken, daß die Wege nach Europa nicht nur nach Westen, sondern ebenso nach Osten weisen; so intensive europäische Nachtgespräche wie in Warschau, Prag, Budapest kann man kaum irgendwo sonst führen.

Überblickt man das Gesagte, fügt man noch hinzu, was über die Vielfalt der Rollen im Alltagsleben des einzelnen schon gesagt wurde, so könnten sich wichtige Folgerungen für politische Bildung im weitesten Sinne, letztlich für Erziehung überhaupt ergeben. Es käme darauf an, nicht die Einfalt zum Ziel zu nehmen, sondern realitätsgerecht die Vielfalt der Teilidentitäten sichtbar und praktisch erfahrbar zu machen, die darin begründeten Schwierigkeiten ebenso wie die Chancen, zum Beispiel im Sinne einer europäischen Teilidentität, die die nationale weder erschlägt noch von ihr erschlagen wird. Es ist eben nicht nur ein Nachteil, sondern im Blick auf die Zukunft sogar ein großer Vorteil, wenn man nicht mehr naiv-ungebrochen nur im Nationalbewußtsein gründet, wie es vielleicht für das 19. Jahrhundert angemessen sein mochte. Man gewinnt die Möglichkeit, sich gegen die Gefahren des Chauvinismus wie gegen alle anderen Versuchungen des Absoluten zu wappnen. Darum wäre die Erziehung zur Vielfalt statt zur Einfalt des Entweder-Oder unausdrücklich, doch damit wahrscheinlich um so wirksamer zugleich: Friedenserziehung.

Aber noch immer neigen wir wohl allzusehr dazu, unser jeweils vom Augenblick bestimmtes »Anliegen« absolut zu setzen und dann alles andere zu verdrängen. Genau damit rennen wir, als seien wir tatsächlich die Nachfahren des Don Quijote, mit dem Kopf voran gegen die Mauern der Realität an – und dies mit dem Schlachtruf: »Um so schlimmer für die Wirklichkeit!« Genau damit werden wir allerdings weiterhin von unseren Unsicherheiten geplagt werden, die dann nach der Kompensation im Freund-Feind-Verhältnis begierig machen. Und genau damit werden wir unserer verlorenen Identität vergeblich nachjagen. Denn da, wo wir sie suchen, ist sie nicht oder nur als mörderische zu finden. Und da, wo wir sie haben könnten, ist sie uns nicht gut genug.

Eine sehr wichtige und so buchstäblich wie doppelsinnig letzte Frage bleibt noch übrig: Kann man eigentlich das Absolute als bloße Versuchung schlechthin abweisen? Der Mensch ist das Wesen, das die Zeit und den Tod kennt. Er braucht deshalb, wenn er nicht verzweifeln soll, ein letztes Ziel, einen tragenden Sinn, einen Glauben und eine Hoffnung – also ein Absolutes, das die Relativierung nicht verträgt. Wenn sie dennoch versucht wird, macht sie sich eben als Verzweiflung, als ein Leerraum bemerkbar, den dann um so leichter die Demagogen und falschen Propheten besetzen können.

Walter Scheel hat als Bundespräsident einmal ironisch formuliert: »Die Demokratie will und kann ihren Bürgern nicht ihren Lebenssinn, handlich verpackt, liefern; den müssen sich die Bürger schon selber suchen.«[83] Liegt vielleicht gerade darin das Problem?

Ein anderes Zitat mag den Sachverhalt noch besser anschaulich machen. Der Engländer Bernard Crick hat gesagt: »Vielleicht läuft alles darauf hinaus, daß die Politik zwei große Feinde hat: Gleichgültigkeit gegenüber menschlichem Leid und Leidenschaft für Gewißheit in Dingen, die wesentlich politisch sind. Gleichgültigkeit gegenüber menschlichem Leid macht freie Regierungen unglaubwürdig, wenn sie nicht fähig oder nicht mutig genug sind, die Möglichkeit und die Gewohnheit der Freiheit von den wenigen auf die vielen auszudehnen. Die Leidenschaft für Gewißheit verachtet die politischen Qualitäten – Vorsicht, Konzilianz, Kompromißbereitschaft, Vielfalt, Anpassungsfähigkeit und Lebhaftigkeit – zugunsten einer Pseudowissenschaft des Regierens, einer absolut klingenden Ethik oder Ideologie, eines Weltbildes rassischer oder wirtschaftlicher Art. Vielleicht ist es sonderbar oder einfach unnatürlich, daß Menschen, die mit Würde und Ehrbarkeit leben können angesichts solcher Ungewißheiten wie Tod, Krankheit oder Unfall, wie der Liebe mit all ihrer Labilität, Vergänglichkeit, ihrer Abhängigkeit von Willen und Launen der anderen, dennoch verrückt sind nach Gewißheit im Regieren, einer Gewißheit, die Politik und Freiheit tötet. Eine freie Regierung ist eine, die Entscheidungen politisch und nicht ideologisch trifft.«[84]

Ob es wirklich sonderbar, unnatürlich oder verrückt ist, wenn Menschen sich nach Gewißheit sehnen, das ist allerdings die Frage. Wer Verhaltensweisen oder Verhältnisse für widernatürlich hält, muß erklären, wie es zum Abfall von dem, was die »Natur« angeblich vorschreibt, überhaupt hat kommen können. Vielleicht sollte man gerade umgekehrt argumentieren: Die Sehnsucht nach Gewißheit und die Suche nach Sinn, nach einem letzten und absoluten Halt, erweisen sich als unendlich wichtig für ein Wesen, das von der eigenen Endlichkeit und der Ungewißheit seines Endes etwas weiß. Die Verankerung im Absoluten ist darum nicht »verrückt«, sondern nur menschlich – und Religion als Gestalt dieser Verankerung eine menschheitliche Erscheinung, sei es auch in der geschichtsphilosophischen Verkleidung einer Religion im Diesseits. »Säkularisation« dagegen, das Lichten der Anker und der Aufbruch in eine neue Welt der offe-

nen Horizonte und der Ungewißheiten, erweist sich als das eher
»Unnatürliche«, als die Ausnahme, die Erklärung fordert. Diese
Säkularisation hat sich kaum zufällig nur in Europa seit Beginn
der Neuzeit anbahnen können, sogar hier stets unvollkommen,
immer gefährdet und höchst zerbrechlich.

Sieht man es so, dann wird allerdings ein Abgrund von Widerspruch erkennbar. Um den Sachverhalt so zugespitzt zu formulieren, wie er es verlangt: Eine Politik, die die Freiheit und den
Frieden sichert, scheint einzig noch unter der Bedingung des
Unglaubens möglich, in der Anerkennung von Relativität, Offenheit und Ungewißheit, in der Beschränkung auf »vorletzte«,
praktische, durch Mehrheiten entscheidbare Fragen. Denn in
unserer Zeit können sich die verschiedenen Gestalten des Glaubens ja nicht mehr regional, durch Kulturschranken gegeneinander abgrenzen; Christen und Nichtchristen und alle anderen
Formen des Glaubens oder Nicht-Glaubens müssen sich miteinander einrichten. Eben darum erscheint ungläubige Politik als
Voraussetzung der Existenz, ja schlechthin des Überlebens.

Es wirkt pharisäerhaft, wenn man, selbst nach dem Absoluten
begierig, zum Beispiel dem Khomeini-Regime im Iran seine blutigen Verfolgungen Andersdenkender vorwirft. Bei den keineswegs nur »mittelalterlichen« Inquisitionsverfahren, Ketzerver-
folgungen und Zwangsbekehrungen in Europa sah es ähnlich
aus, und Robespierres Verbindung von Tugend und Terror erwies sich als so konsequent wie der stalinistische »Archipel Gu-
lag«. Mit der Monotonie des Folgerichtigen muß jede im Ernst
direkt und kompromißlos aus einem Anspruch auf absolute
Wahrheit abgeleitete Politik zu entsprechenden Ergebnissen
führen.[85] Denn »politische Parteien sind zu Kompromissen ge-
neigt, Weltanschauungen niemals. Politische Parteien rechnen
selbst mit Gegenspielern, Weltanschauungen proklamieren ihre
Unfehlbarkeit.«[86]

Nun mag man zwar sagen: Niemand soll und darf den Christen – oder sonst jemanden – daran hindern, praktische Politik so

zu betreiben, wie er sie aus seinem Glauben, seinem Gewissen glaubt betreiben zu müssen, es mag sich um Rüstung und Abrüstung, die Entwicklung der Kernenergie, die Geburtenregelung oder worum immer handeln. Alles kommt bloß auf die Einsicht an, daß es sich unter den Bedingungen demokratischer Politik um »vorletzte« Fragen handelt, die grundsätzlich offen und revisionsfähig bleiben, weil niemand über letzte Gewißheiten verfügt. Aber der Verdacht drängt zum mindesten sich auf, daß damit Beschwichtigung betrieben und die Inkonsequenz, der Bruch zwischen dem Glauben und dem Handeln übertüncht wird.

Vor solchen Überlegungen, am Abgrund des Widerspruchs, wird die Frage entscheidend wichtig, wie es in der westlichen Zivilisation, im christlichen Kulturkreis zur »Säkularisation«, zur Entwicklung einer offenen Gesellschaft und der halbwegs toleranz- und kompromißfähigen politischen Ordnungen überhaupt hat kommen können. Die Antwort kann nur lauten: Es hat dazu kommen können, weil im Christentum selber die Säkularisation angelegt war und darum die Möglichkeit ungläubiger Politik sich als ein Produkt des Glaubens erwies; bis heute zehrt die Chance zum Unglauben vom Glauben als ihrem heimlichen Grundkapital.

Zur christlichen Botschaft gehört, buchstäblich grundlegend, die Unterscheidung zwischen dem Letzten und dem Vorletzten. Die Welt, in der wir leben, ist ein Vorletztes; in ihr kann das Letzte, das Heil schlechthin, aus menschlichem Vermögen nicht erreicht werden. Dabei geht es in der Unterscheidung allerdings nicht um Beziehungslosigkeit, sondern im Gegenteil um ein Spannungs- und Bedingungsverhältnis.

Der Theologe Dietrich Bonhoeffer, Märtyrer des Widerstandes gegen die nationalsozialistische Gewaltherrschaft, hat es so beschrieben: »Ursprung und Wesen allen christlichen Lebens liegt beschlossen in dem einen Geschehen, daß die Reformation Rechtfertigung des Sünders aus Gnade allein genannt hat ... Was geschieht hier? Ein letztes, von keinem menschlichen Tun, Sein oder Leiden zu Ergreifendes.«[87] Daraus folgt: »Es gibt also kein Vorletztes an sich, so also, daß sich irgend etwas an sich als Vorletztes rechtfertigen könnte, sondern zum Vorletzten wird etwas durch das Letzte, das heißt in dem Augenblick, in dem es bereits außer Kraft gesetzt worden ist. Das Vorletzte ist also nicht ein Zustand an sich, sondern ein Urteil des Letzten über das ihm Vorangegangene.«

Aber dies ist nur die eine Seite. Würde nämlich das Letzte alles Vorletzte unwesentlich machen, es aufsaugen oder verschlingen, so hieße dies den christlichen Glauben in Heidnisches verkehren. Es gäbe die Differenz nicht mehr, auf die alles ankommt, und das Letzte wäre nicht mehr als Letztes zu erkennen. »Daraus folgt etwas entscheidend Wichtiges: Das Vorletzte muß um des Letzten willen gewahrt werden.« Der Christ wird zwar auf das Letzte sich ausrichten, »aber es bleibt der Unterschied, ob das Vorletzte beachtet und ernst genommen wird oder nicht. Es gehört zur Wegbereitung, das Vorletzte zu beachten und in Kraft zu setzen um des nahenden Letzten willen.« Einzig die Einsicht, in einer Welt des Vorletzten zu leben, macht das Letzte als das andere, als die Transzendenz dieser Welt kenntlich.

Es zeigt sich: Die Versuchung des Absoluten, von der dieses Buch ausging und vor der es warnen will, ist für den Christen eben dies: Versuchung, Sünde – bildhaft ausgedrückt ein Werk des Teufels. In der Bibel wird gleichnishaft von der Versuchung Jesu erzählt: »Wiederum führte ihn der Teufel mit sich auf einen sehr hohen Berg und zeigte ihm alle Reiche der Welt und ihre Herrlichkeit und sprach zu ihm: Das alles will ich dir geben, so du niederfällst und mich anbetest. Da sprach Jesus zu ihm: Hebe dich weg von mir, Satan! denn es steht geschrieben: ›Du sollst anbeten Gott, deinen Herrn, und ihm allein dienen.‹«[88]

Man kann natürlich auch nichtchristlich formulieren. Dann geht es einmal mehr um *Erfahrungen*: darum, daß jedes Nachgeben gegenüber der Versuchung des Absoluten ins Unheil führt und den Frieden zerstört. Von diesen Erfahrungen war hier wieder und wieder die Rede; nur wenn sie beachtet werden, bleibt Hoffnung.

Hoffnung: Recht verstanden steht sie nicht im Gegensatz, sondern im Einklang mit den Erfahrungen. Sie bleibt sie selbst nur im offenen Horizont der Zukunft, in dem unser Weg ins Ungewisse führt. Anders wäre sie nicht mehr Hoffnung, sondern noch im besten Falle eine Form von Selbstbetrug: eine verfälschende, getarnte Spielart der Gewißheit.

Nicht anders verhält es sich mit unserer *Verantwortung.* Nur weil wir nicht wissen, was kommen wird – außer, negativ, daß wir das End-Gültige, das Heil, eine absolute Garantie des Friedens in dieser Welt nie werden erreichen können –, weil nichts uns schon sicher vorgezeichnet ist, darum tragen wir Verantwortung für Besserung im doch immer Unvollkommenen, für Reform und Wandel, für die Abwendung drohenden Unheils, für den Frieden.

Gegen Mißverständnisse sei betont: Daß die Ungewißheit über das Kommende *Angst* macht, ist nicht nur verständlich, sondern einfach menschlich. Es wäre unmenschlich, keine Angst zu haben – und eine sehr vordergründige, hohle Form von Heroismus, sie nicht zu bekennen. Die Angst kann positiv wirken; sie kann zur mächtigen Triebkraft im Engagement für den Frieden werden. Doch muß sie selber Mut fassen: den Mut, keiner Erfahrung auszuweichen. Einzig so kann sie ihre eigenen Hoffnungen und ihre Verantwortung fruchtbar machen.

Angst um den Frieden, Erfahrungen mit dem Unfrieden, Hoffnung auf den Frieden, Verantwortung für den Frieden: In diesem Sinne gilt als ein wahrhaft letztes Wort die Verheißung der Bergpredigt: Selig, die Frieden stiften; denn sie werden Gottes Kinder heißen.

Anmerkungen

1 »Ende oder Wende« und »Wege aus der Gefahr« sind Buchtitel von Erhard Eppler, Stuttgart 1975 und Reinbek bei Hamburg 1981. »Der Aufstand gegen das Unerträgliche« heißt der Untertitel des Buches von Robert Jungk, Menschenbeben, München 1983.

2 R. Jungk, a. a. O., S. 188. Vgl. Karl H. Metz: »Der Bürgerkrieg entspricht einer Eroberung der Politik durch die Gewalt.« (Der Zusammenbruch der Politik und die Emanzipation der Gewalt, in: *Zeitschrift für Politik*, Jg. 30 (Neue Folge), H. 2, 1983, S. 109).

3 Vgl. von Robespierre: Habt ihr eine Revolution ohne Revolution gewollt? – Reden, hrsg. v. K. Schnelle, Leipzig o. J. (Reclams Univ.-Bibliothek Nr. 8370–74), S. 321 f.

4 A. a. O., S. 329 ff.

5 Die revolutionäre Konsequenz hat Lenin so bewegend wie erschreckend zum Ausdruck gebracht, als er sagte: »Ich kenne nichts Besseres als die ›Appassionata‹, ich könnte sie jeden Tag hören. Eine erstaunliche, nicht menschliche Musik. Ich denke immer voller Stolz, der vielleicht naiv ist: Was für Wunder können die Menschen vollbringen ... Doch ich kann die Musik nicht oft hören, sie greift die Nerven an, man möchte liebevolle Dummheiten sagen und den Menschen die Köpfe streicheln, die in einer widerwärtigen Hölle leben und so etwas Schönes schaffen können. Aber heutzutage darf man niemandem den Kopf streicheln – die Hand wird einem abgebissen, man muß auf die Köpfe einschlagen, mitleidlos einschlagen, obwohl wir, unserem Ideal nach, gegen jede Gewaltanwendung gegenüber den Menschen sind.« Vgl. Maxim Gorkij, Erinnerungen an Zeitgenossen, Frankfurt a. M. 1962, S. 212 f.

6 Der alte Staat und die Revolution, Drittes Buch, Kap. 8.

7 Soziologie des Kommunismus, Köln u. Berlin 1952, S. 356.

8 *Die Zeit*, Nr. 9, 25. Februar 1983, S. 3.

9 Benny Härlin: Von Haus zu Haus – Berliner Bewegungsstudien, in: *Kursbuch* 65, Berlin 1981, S. 24 f.

10 Ökologie und Demokratie – ein Problem der politischen Kultur, in: *Aus Politik und Zeitgeschichte*, Beilage zur Wochenzeitung »Das Parlament«, B 26/1982, S. 27 ff.

11 München 1983, S. 9.

12 In: *Aus Politik und Zeitgeschichte*, Beilage zur Wochenzeitung »Das Parlament«, B 17/83, S. 31 ff., hier S. 42 f.
Vgl. von Wittig auch: Befähigung zu gewaltfreiem Widerstand als Hauptaufgabe der Erziehung nach Hiroshima, in: *Pädagogische Rundschau*, 27. Jg. 1973, S. 325 ff.

13 Stuttgart 1980.

14 A. a. O., S. 11, 59, 62.

15 Zum Sachverhalt eingehend: Karl Bruno Leder, Nie wieder Krieg? Von der Friedensfähigkeit des Menschen, München 1982. Das angeführte Beispiel S. 147. Weitere literarische Zeugnisse – von Bertha von Suttner bis Lew Kopelew – S. 149 u. 150. Mit Recht sagt Leder: »Man muß der Friedensbewegung ins Stammbuch schreiben: Sie hat zwar verstanden, weite Kreise der Bevölkerung zu sensibilisieren und für die Problematik bewußt zu machen. Doch sie agitiert im Gefühlsbereich, sie appelliert vorwiegend an Ängste, an Aversionen und Abneigungen und leistet wenig zur intellektuellen Bewältigung des Problems. Warum es Kriege gibt, interessiert die Friedensbewegung anscheinend kaum. Sie scheint zu glauben, daß das Problem bereits gelöst sei, wenn nur die Atomwaffen verschwänden.« (S. 202)

16 Davon handeln insgesamt die Kapitel III bis IV dieses Buches. Speziell zur Relativierung der Identität und damit zur Abwendung absoluter Freund-Feind-Verhältnisse S. 106 ff.

17 Hans Jürgen Baden: Grün ist die Farbe Gottes – Von den überraschenden Aussichten des Glaubens, in: *Lutherische Monatshefte*, H. 3 1981, S. 128 ff.

18 Adam Weyer: Gewalt als theologisches Problem. In: *Deutsches Pfarrerblatt*, 2. Ausg. Mai 1969, Nr. 10, S. 309.
Siehe dazu ferner das Buch von Johannes Degen: Das Problem der Gewalt, Politische Strukturen und theologische Reflexion, Hamburg 1970. Vgl. aber als Gegenposition die von der Kammer der Evangelischen Kirche in Deutschland für öffentliche Verantwortung herausgegebene Denkschrift: Gewalt und Gewaltanwendung in der Gesellschaft (1973).

19 A. Arndt, Politische Reden und Schriften, hrsg. v. H. Ehmke u. C. Schmid, Berlin u. Bonn-Bad Godesberg 1976, S. 273.

20 Richard Löwenthal, Stabilität ohne Sicherheit – Vom Selbstverständnis der Bundesrepublik Deutschland, in: *Der Monat*, H. 1/1978, S. 75.

21 Veröffentlichung zuerst: Berlin 1806.

22 Zur Geschichte der Religion und Philosophie in Deutschland, Drittes Buch.

23 Der Nationalstaat und die Volkswirtschaftspolitik, in: Gesammelte Politische Schriften, 2. Aufl. Tübingen 1958, S. 21 u. 23.

24 Zit. nach Karl Barth: Eine Schweizer Stimme 1938–45, Zollikon–Zürich 1945, S. 342.

25 Zur anschaulichen Schilderung des Sachverhalts vgl. Rudolf von Thadden, Berührung zwischen Vergangenheit und Zukunft, in: *Politik und Kultur*, 5. Jg. 1978, H. 3, S. 60 f.

26 Theodor Fontane schrieb: »Ich bekämpfe den Satz und werde ihn bis zum letzten Lebenshauche bekämpfen, daß der Normalabiturient oder der durch

sieben Examina gegangene Patentpreuße die Blüte der Menschheit repräsentiere.« (Sämtliche Werke, Nymphenburger Ausgabe, München 1959 ff., Bd. 9, S. 175.) Und: »Je mehr wir verassessort und verreserveleutnantet werden, je toller wird es ...« (Briefe an Georg Friedländer, Heidelberg 1954, S. 295.) Aber Fontane waren jene »Standes«-Merkmale arrivierter Bürger eben vorenthalten geblieben, deren Bedeutung er noch durch seine leidenschaftliche Ablehnung sichtbar macht.

27 Grundlinien der Philosophie des Rechts, § 268.

28 Œuvres Complètes, Bd. I, Paris 1947, S. 454 ff.

29 München 1979.

30 A. a. O., S. 321.

31 Deutschland und die westlichen Demokratien, 4. Aufl. Stuttgart 1968, S. 53.

32 Drittes Buch, Kap. XV.

33 Als 1925 der kaiserliche Feldmarschall Paul von Hindenburg zum Reichspräsidenten gewählt wurde, prägte man zum Gedenken eine Münze, auf deren einer Seite ein Ausspruch des Geehrten eingeprägt war: »Für das Vaterland beide Hände, aber nichts für die Parteien«.

34 Fazit – Kein Rechtfertigungsversuch, Stuttgart 1963, S. 16 f.

35 Die geistesgeschichtliche Lage des heutigen Parlamentarismus, 2. Aufl. München u. Leipzig 1926, S. 21.

36 Legalität und Legitimität, München u. Leipzig 1932, S. 92 ff.

37 Politik als Beruf, in: Gesammelte Politische Schriften, 2. Aufl. Tübingen 1958, S. 548.

38 Über die Demokratie in Amerika, Bd. II, Teil IV, Kap. 7.

39 Idee zu einer allgemeinen Geschichte in weltbürgerlicher Absicht, Sechster Satz.

40 Der soziologische und der juristische Staatsbegriff, Tübingen 1922, S. 187.

41 Abgedruckt in: Positionen und Begriffe im Kampf mit Weimar–Genf–Versailles, Hamburg 1940, S. 199 ff.

42 Brief an J. W. Eppes, 1813.

43 Robert Leicht, Das Grundgesetz – eine säkularisierte Heilsordnung? Zur Technik der politischen Triebbefriedigung, in: Grundgesetz und politische Praxis, München 1974, S. 137.

44 Adolf Arndt, Politische Reden und Schriften, hrsg. v. H. Ehmke u. C. Schmid, Berlin u. Bonn-Bad Godesberg 1976, S. 265.

45 Guy Kirch, Radikale Liberalität in einer geizigen Welt – Gedanken zur Umorientierung. In: Aus Politik und Zeitgeschichte, Beilage zur Wochenzeitung »Das Parlament«, B 23/79, S. 24.

46 R. Leicht, a. a. O., S. 140.

47 Preußen ohne Legende, Hamburg 1978, S. 84.

48 Vgl. Eberhard Zeller, Der Geist der Freiheit. Der 20. Juli 1944, 2. Aufl. München 1954, S. 112 ff.

49 Eingehender werden die hier nur skizzierten Probleme v. Verf. behandelt in: Warnung vor Preußen, Berlin 1981.

50 Zit. nach Eduard Bernstein, Sozialismus und Demokratie in der großen englischen Revolution, 2. Aufl. Stuttgart 1908, S. 67.

51 Vgl. dazu v. Verf.: Soziologie des Friedens, Gütersloh 1962, Teil I.

52 Traktat über den Kompromiß, Stuttgart 1973, S. 54.

53 Th. Wilhelm, ebenda.

54 Letter to a Member of the National Assembly ..., 1791. Vgl. The Works of Edmund Burke, Boston 1839, Bd. 3, S. 326.

55 Die Sozialgeschichte der Mäßigung als Geschichte der Selbstdisziplinierung hat klassisch dargestellt: Norbert Elias, Über den Prozeß der Zivilisation, 2 Bde., 3. Aufl. Frankfurt 1976.

56 Idee zu einer allgemeinen Geschichte in weltbürgerlicher Absicht, Vierter Satz.

57 Zur Darstellung und Kritik am Beispiel der »Hessischen Rahmenrichtlinien Gesellschaftslehre« vgl. v. Verf.: Reform als politisches Prinzip, München 1976, S. 62 ff.

58 Bei Richtungskämpfen in Hochschulen wurde »Pluralismus« oft gefordert, um als Minderheit Einfluß zu gewinnen, aber verneint, sobald Vorherrschaft gesichert schien – ein für Offenheit und demokratische Funktionsfähigkeit tödlicher Vorgang.

59 Paper No. 51. Deutsche Ausgabe: Der Föderalist, hrsg. v. F. Ermacora, Wien 1958, S. 296 f.

60 Die Kinder des Lichts und die Kinder der Finsternis, München 1947, S. 8.

61 Zu den in diesem Abschnitt skizzierten Problemen liegen zwei tiefdringende Analysen schon älteren Datums vor, die indessen nichts von ihrer Aktualität verloren haben: Helmuth Plessner, Grenzen der Gemeinschaft – Eine Kritik des sozialen Radikalismus, zuerst 1924, Neuaufl. Bonn 1972; Kurt Lewin, Some social-psychological differences between the United States and Germany, in: Resolving Social Conflicts, New York 1948, deutsch: Die Lösung sozialer Konflikte, Bad Nauheim 1953. – Die deutsche Karriere von »Gemeinschaft« läßt sich ablesen an: Ferdinand Tönnies, Gemeinschaft und Gesellschaft. Das Buch erschien zuerst 1887 und blieb zunächst wirkungslos. Erst 1912 erschien die zweite Auflage, aber 1926 war bereits die siebente erreicht. Zur soziologischen Kritik vgl. René König, Die Begriffe Gemeinschaft und Gesellschaft bei Tönnies, in: *Kölner Zeitschr. f. Soziologie u. Sozialpsychologie,* 1955, S. 348–420.

62 Vgl. dazu oben, S. 28.

63 Über die Demokratie in Amerika, Bd. II, Schlußbetrachtung.

64 Rechtsstaat im Wandel, Stuttgart 1964, S. 206.

65 Grundgesetz und politische Praxis, München 1974, S. 133.

66 A. a. O., Vierter Teil, Dritter Abschnitt, Drittes Kapitel: Die Aufklärung und die Revolution.

67 Siehe dazu vor allem Franz Alt: Frieden ist möglich – Die Politik der Bergpredigt, München 1983.

68 Dies ist der Tenor bei Robert Jungk: Menschenbeben – Der Aufstand gegen das Unerträgliche, München 1983.

69 So im »Lernbericht« des Club of Rome; vgl. dazu: J. W. Botkin/M. L. Elmandjra/M. Malitza, Das menschliche Dilemma, Wien 1979.

70 Robert Jungk, a. a. O., S. 14.

71 The Federalist, Paper No. 30 von Alexander Hamilton; deutsch: Der Föderalist, hrsg. v. F. Ermacora, Wien 1958, S. 177.

72 Hamilton, a. a. O., Paper No. 6; deutsche Ausgabe: S. 56.

73 Paper No. 51; zum weiteren Text vgl. oben, S. 79.

74 A. a. O.

75 Erster Zusatz: Von der Garantie des ewigen Friedens.

76 Leviathan, Kap. 12.

77 Zur Unterscheidung von friedenserhaltender politischer Macht und instrumenteller Gewalt siehe Hannah Arendt, Macht und Gewalt, München 1970.

78 Der Arbeiter, Hamburg 1932, S. 71.

79 Vgl. oben, S. 66f.

80 Die romantische Schule, 1836, Erstes Buch.

81 Mein Kampf, 190/194. Auflage, München 1936, S. 129.

82 So etwa in einer gedankenlosen Sportsprache: »Deutschland« wurde Vizeweltmeister im Fußball, wenn nicht gar: »Deutschland schlägt die DDR«.

83 Nach dreißig Jahren. Die Bundesrepublik Deutschland – Vergangenheit, Gegenwart, Zukunft, hrsg. v. Walter Scheel, Stuttgart 1979, S. 15.

84 Eine Lanze für die Politik, München 1966, S. 198.

85 Siehe zu dieser Monotonie das Interview von Andreas Kohlschütter mit dem »Großinquisitor« von Teheran: »Herr über Leben und Tod«, in: *Die Zeit*, Nr. 27, 1. Juli 1983, S. 5.

86 Adolf Hitler, Mein Kampf, 190./194. Aufl., München 1936, S. 507.

87 Bonhoeffer, Die letzten und die vorletzten Dinge, in: Ethik, hrsg. v. E. Bethge, 2. Aufl. München 1953, S. 75ff.

88 Matthäus 4, V. 8–10.

Bücher zum Thema

Franz Alt
Frieden ist möglich
Die Politik der Bergpredigt. 13. Aufl., 500. Tsd. 1983.
119 Seiten. Serie Piper 284. Kt.

Werner Becker
Die Freiheit, die wir meinen
Entscheidung für die liberale Demokratie. 1982. 287 Seiten. Kt.

Karl Jaspers
Die Atombombe und die Zukunft des Menschen
Politisches Bewußtsein in unserer Zeit. 505 Seiten. Serie Piper 237. Kt.

Peter Kafka/Heinz Maier-Leibnitz
Streitbriefe über Kernenergie
Zwei Physiker über Wissenschaft, Fortschritt und die Folgen. 1982. 238 Seiten. Kt.

Jim E. Lovelock
Unsere Erde wird überleben
GAIA – Eine optimistische Ökologie. Aus dem Englischen von Constanze Ifantis-Hemm.
1982. 223 Seiten, 8 Abbildungen. Geb.

Prof. Dr. med. Ludwig Rausch
Mensch und Strahlenwirkung
Strahlenschäden – Strahlenbehandlung – Strahlenschutz
1982. 347 Seiten. 177 Abbildungen. Kt.

Hannes Schwenger
Im Jahr des großen Bruders
Orwells deutsche Wirklichkeit. 1983. 125 Seiten. Serie Piper 326. Kt.

PIPER

Bücher zum Thema

Jonathan Schell
Das Schicksal der Erde
Gefahr und Folgen eines Atomkrieges.
5. Aufl., 120. Tsd. 1982. Aus dem Amerikanischen von Hainer Kober. 267 Seiten

»Jonathan Schells Buch beschreibt das Unbeschreibliche und denkt das Undenkbare zu Ende.
Wer nach Lektüre dieses Buches noch weiter gelassen über ›atomaren Schlagabtausch‹
und ähnliches reden kann, dem muß jedes Gefühl für die Realität abhanden gekommen sein.
Jonathan Schells Buch sollte in allen Ländern der Erde zur Pflichtlektüre gemacht werden.«
Iring Fetscher

»Jonathan Schell schildert, pessimistisch aber nicht unehrlich, die schlimmsten denkbaren
Folgen eines totalen Atomkriegs. Betrachtungen, die der seinen ähneln, müssen auch für
die Regierenden der Welt Grundlagen ihrer Planung sein: Niemand kann einen Atomkrieg
wollen.« Heinz Maier-Leibnitz

»›Das Schicksal der Erde‹ ist ein Buch, dessen Deutlichkeit Erschrecken hinterläßt,
das aber auch Forderungen und Hoffnungen vermittelt, denen sich ein politisch bewußter
und verantwortungsvoller Mensch nicht entziehen kann.« Wolf Graf von Baudissin

»Nur wenn der zornige Protest der Menschen überall in der Welt die Herrschenden zur Umkehr
zwingt, kann die atomare Katastrophe abgewendet werden. Jonathan Schells Buch ist ein
Appell an jeden von uns, für die atomare Abrüstung aktiv einzutreten.« Gert Bastian

»Wenn je ein Buch fünf Minuten vor zwölf geschrieben wurde: hier ist es. ›Das Schicksal
der Erde‹ muß einfach jeder lesen – vor allem aber jene, denen daran gelegen ist, die Brisanz
seines Themas herunterzuspielen.« Yehudi Menuhin

PIPER

SERIE PIPER

SERIE PIPER

SERIE PIPER

SERIE PIPER